AF275055

Disfrute gratuitamente **DURANTE UN AÑO** de los eBook y audiolibros de las obras de Editorial Colex*

- Acceda a la página web de la editorial **www.colex.es**

- Identifíquese con su usuario y contraseña. En caso de no disponer de una cuenta regístrese.

- Acceda en el menú de usuario a la pestaña «Mis códigos» e introduzca el que aparece a continuación:

RASCAR PARA VISUALIZAR EL CÓDIGO

La participación de inversores en start-ups y sus problemas jurídicos

- Una vez se valide el código, aparecerá una ventana de confirmación y su eBook y audiolibro estará disponible **durante 1 año desde su activación** en la pestaña «Mis libros» en el menú de usuario.

> * Los audiolibros están disponibles en las ediciones más recientes de nuestras obras. Se excluyen expresamente las colecciones «Códigos comentados», «Biblioteca digital» y los productos de www.vademecumlegal.es.

No se admitirá la devolución si el código promocional ha sido manipulado y/o utilizado.

¡Gracias por confiar en nosotros!

La obra que acaba de adquirir incluye de forma gratuita la versión electrónica.

Acceda a nuestra página web para aprovechar todas las funcionalidades de las que dispone en nuestro lector.

Funcionalidades eBook

Acceso desde cualquier dispositivo con conexión a internet

Idéntica visualización a la edición de papel

Navegación intuitiva

Tamaño del texto adaptable

Síguenos en:

LA PARTICIPACIÓN DE INVERSORES EN *START-UPS* Y SUS PROBLEMAS JURÍDICOS

PUBLICACIÓN REALIZADA EN EL MARCO DE LAS AYUDAS PARA LA DIFUSIÓN DE RESULTADOS DE INVESTIGACIÓN CON ORIENTACIÓN HACIA LA TRANSFERENCIA Y EL INTERCAMBIO DE CONOCIMIENTO 2025 DE LA UNIVERSIDAD MIGUEL HERNÁNDEZ DE ELCHE. PROGRAMA TRANSFIERE (código de línea de ayuda 04-542-4-2025-0037-N).

LA PARTICIPACIÓN DE INVERSORES EN *START-UPS* Y SUS PROBLEMAS JURÍDICOS

Alfonso Ortega Giménez

COLEX 2025

SUMARIO

ANEXOS

NOTA SOBRE EL AUTOR

ALFONSO ORTEGA GIMÉNEZ es Doctor Honoris Causa otorgado por la Universidad de San Lorenzo (UNISAL), 2024. **Doctor Honoris Causa** por la Universidad Autónoma San Sebastián de San Lorenzo-UASS, 2022; **Doctor Honoris Causa** por el Instituto Interamericano de Investigación y Docencia en Derechos Humanos, en la Universidad Juárez Autónoma de Tabasco (México), 2021; **Doctor en Derecho**, 2014 (Calificación: Sobresaliente *Cum Laude* por unanimidad); Premio extraordinario de Doctorado, 2018; Licenciado en Derecho, 2000; y, **Master en Comercio Internacional** por la Universidad de Alicante, 2001.

Profesor Titular de Derecho internacional privado en la Universidad Miguel Hernández de Elche. Director del Observatorio Provincial de la Inmigración de Alicante. Vicedecano de Grado en Derecho de la Facultad de Ciencias Sociales y Jurídicas de Elche. Director del **Máster Universitario en Abogacía de la Universidad Miguel Hernández (UMH) de Elche**, desde el curso académico 2021/2022. Director de la Cátedra de Relaciones Privadas Internacionales UMH-ICAO de la Universidad Miguel Hernández de Elche, desde marzo de 2022. También es **Magistrado Suplente de la Audiencia Provincial de Castellón** desde 2022; **Académico de Honor de la Academia Internacional de Ciencias, Tecnología, Educación y Humanidades**, desde 2018; **Vocal del Observato-**

rio Valenciano de la Inmigración (Resolución de 09 de abril de 2010, del Presidente del Observatorio Valenciano de la Inmigración, Conseller de Solidaritat y Ciudadania de la Generalitat Valenciana); **Docente homologado, con carácter definitivo, por ICEX España Exportación e Inversiones,** en Madrid (España), a fecha 29 de mayo de 2024; y, **Profesor en el Programa de Doctorado en Creación Artística de la Universidad Miguel Hernández de Elche,** impartido en la Facultad de Bellas Artes de Altea, desde el año 2024.

Es Consultor de Derecho internacional privado de la Universitat Oberta de Catalunya (UOC), desde el segundo semestre del curso académico 2008/2009, y **Consejero académico del despacho de Abogados ARA Y ASOCIADOS, con sede principal en Alicante y oficinas en Murcia, Madrid y Beijing (China) y de la Asesoría GRUPO ASESOR ROS, con sede en Elche.**

Tiene **reconocidos por la CNEAI tres Sexenios de Investigación correspondientes al tramo 2002-2007 (Fecha concesión: 23/10/19), al tramo 2009-2017 (Fecha concesión: 21/06/18), al tramo 2018-2023 (Fecha concesión: 09/05/2024) y al tramo 2018-2023 (Fecha concesión: 9/05/24).** Reconocido también, en su día, un Sexenio de Investigación correspondiente al tramo 2010-2016 por la AVAP (Fecha concesión: 18/01/18).

Miembro de la Asociación para la Docencia e Innovación en Derecho (Ludoteca Jurídica), desde julio de 2021. Miembro de la Asociación de Política Exterior Española. Miembro de la Asociación de Derecho del Arte (ADA). Miembro de Número del Capítulo Reino de España, otorgado por la Academia Norte-Americana de Literatura Moderna Internacional y por la Junta Directiva del Estado de New Jersey (EE. UU.). Miembro del ELI *(European Law Institute).* Miembro de la Red Española de Política Social-REPS. Miembro de la Sociedad Latinoamericana de Derecho Internacional-SLADI. Miembro de la Asociación Americana de Derecho Internacional Privado-ASADIP. Miembro de número de la Asociación Española de Profesores de Derecho Internacional y Relaciones Internacionales-AEPDIRI; Miembro de la Asociación Española para el Fomento de la Seguridad de la Información-ISMS Forum Spain; Ha sido Vicepresidente de la Asociación del Master en Comercio Internacional de la Universidad de Alicante-AMCI hasta julio 2018; Miembro de la Asociación Española para el Estudio del Derecho Europeo-AEDEUR; Miembro de la Asociación Castellano-Manchega de Sociología-ACMS. Miembro de la Asociación Española de Derecho del Entretenimiento-DENAE. Miembro del Instituto de Derecho Iberoamericano-IDIBE.

Ha recibido numerosos premios en docencia e investigación: Finalista en los Premios EDUCA ABANCA. Mejor Docente de España 2024 en la categoría de UNIVERSIDAD, en A Coruña, a 15 de diciembre de 2024; y, nominado a los Premios EDUCA ABANCA Mejor Docente de España 2024 en la categoría de UNIVERSIDAD tras haber sido propuesto/a por su alumnado y seleccionado/a por el Comité de Baremación del Certamen. El evento está organizado por la plataforma educativa EDUCA en colaboración con la fundación ABANCA Obra Social. El certamen ha recibido un total de 1908 propuestas de toda España. Los premios buscan reconocer la buena praxis docente en todas las etapas educativas de todos los centros públicos y privados que imparten titulaciones oficiales, en A Coruña, a 30 de septiembre de 2024. Visitante ilustre por su honorable visita de impacto previsto en la comunidad de la Universidad de San Lorenzo (UNISAL), en Paraguay, a 21 de junio de 2024. Mención de reconocimiento DOCENTE DESTACADO por su loable, abnegada e inspiradora trayectoria como docente en Educación Superior trascendiendo en su andar como ejemplo de calidad educativa, en la Universidad de San Lorenzo (UNISAL)-Paraguay, a 19 de junio de 2024. Premio UMH al Talento Docente para el año 2023, dentro de la rama académica de CIENCIAS SOCIALES, JURIDICAS Y HUMANIDADES por Resolución Rectoral N.º 03610/2023, de fecha 04 de diciembre de 2023, según las bases para la concesión de los Premios al Talento Docente en el marco del Programa Docentia-UMH, aprobadas por Consejo de Gobierno de la Universidad Miguel Hernández de Elche en sesión de

25 de enero de 2023, en Elche, a 4 de diciembre de 2023. Certificado de calidad docente EXCELENTE, valoración final obtenida en el proceso de evaluación de las actividades docentes desarrolladas en el periodo curso inicial 2018/2019 – curso final 2021/2022, realizado de acuerdo con los criterios y procedimientos establecidos en el PROGAMA DOCENTIA-UMH, evaluado positivamente por la ANECA, con fecha 27 de febrero de 2013, en la Universidad Miguel Hernández de Elche, a 30 de noviembre de 2023. Visitante Ilustre de la Universidad San Lorenzo (UNISAL), otorgado por el Consejo Académico mediante Resolución N.º 110/2022-CSU, en Paraguay, a 5 de diciembre de 2022. Premio «INSTITUTO VASCO DE DERECHO PROCESAL» de Artículos Doctrinales sobre el fomento del estudio del Derecho Procesal, en su XII Edición por el trabajo inédito titulado «Resolución de problemas de competencia judicial internacional y de determinación de la ley aplicable en materia de derechos reales en España», en San Sebastián (País Vasco), 11 de octubre de 2022. Premio en la convocatoria de «Premios UMH al Talento Docente» para el año 2021, dentro de la rama académica de Ciencias Sociales, Jurídicas y Humanidades, por Resolución Rectoral n.º 04858/21, de fecha 23 de noviembre de 2021, en el marco del PROGRAMA DOCENTIA-UMH, aprobadas por el Consejo de Gobierno de la Universidad Miguel Hernández de Elche, en sesión de 14 de diciembre de 2020, en Elche, a 02 de diciembre de 2021. Ganador *ex-aequo* en la categoría «Aula responde» del XVIII del Certamen Innova-Emprende de la Universidad Miguel Hernández de Elche, en Elche, a 1 de julio de 2021. Premio en el I Certamen de Artículos Jurídicos Breves del Derecho del Entretenimiento y Tecnologías de la información, organizado por la Asociación Española de Derecho del Entretenimiento —DENAE—, por el artículo «Los "contratos inteligentes" (Smart Contracts) ni son "contratos" ni son "inteligentes"», en Madrid, a 24 de junio de 2020. Premio «Instituto Vasco de Derecho Procesal» en su IX Edición, por el trabajo «La alegación y prueba del Derecho extranjero tras la nueva Ley de Cooperación Jurídica Internacional», en Donostia – San Sebastián, a 29 de noviem-

bre de 2019. Cruz al Mérito, en virtud de su destacada y meritoria labor académica y científica profesional, acordado por la Junta de Gobierno de la Academia Internacional de Ciencias, Tecnología, Educación y Humanidades, en Valencia, a 9 de noviembre de 2019. Reconocimiento al Mérito Universitario, en virtud de su destacada y meritoria labor académica y científica profesional, acordado por la Junta de Gobierno de la Academia Internacional de Ciencias, Tecnología, Educación y Humanidades, en Valencia, a 9 de noviembre de 2019. Premio a la excelencia en la práctica jurídica de Economist & Jurist, en Madrid, 3 de diciembre de 2018. Premio UMH 2018 a la Productividad Investigadora, otorgado por el Vicerrector de Investigación e Innovación de la Universidad Miguel Hernández de Elche. Premio UMH 2017 a la Productividad Investigadora, otorgado por el Consejo de Gobierno de la Universidad Miguel Hernández de Elche. Premio «Investigación» en la modalidad de «Jóvenes Investigadores» 2017. Premio UMH al Talento Docente 2017. Premio «Investigación» en la modalidad de «Jóvenes Investigadores» 2016. Premio UMH 2016 a la Productividad Investigadora. Premio a la excelencia en la Práctica Jurídica de ISDE 2016. Premio Joven Investigador por el Consejo Social de la Universidad Miguel Hernández de Elche (XII edición). Premio al profesional de Comercio exterior del año 2016, otorgado por la Asociación Española de Profesionales de Comercio Exterior a las empresas (ACOCEX) y BANKIA. Premio «INSTITUTO VASCO DE DERECHO PROCESAL» en su V Edición (Premio de Artículos Doctrinales sobre el fomento del estudio del Derecho Procesal), en el año 2015. Premio UMH 2015 a la productividad investigadora. Premio UMH 2014 a la productividad investigadora. Premio Santander al mejor Ensayo Corto convocado por la Red Cátedra Santander de Responsabilidad Social Corporativa (Convocatoria 2015). Primer accésit de la XII edición del Premio de Ensayo Breve de la Asociación Castellano-Manchega de Sociología «Fermín Caballero»; V Premio Jurídico Internacional Instituto Superior de Derecho y Economía (ISDE); Accésit en la categoría de «Investigación» de la XVIII edición de los «Premios de Protección de Datos 2014» de la Agencia Española de Protección de Datos. Búho de oro al mejor profesor del Curso 2013/2014 de la Escuela Superior de Marketing (ESUMA). Premio UMH al Talento Docente, años 2014, 2017 y 2019.

Ponente habitual en numerosos cursos organizados en España y en el extranjero en materia de Derecho internacional privado, Derecho de la nacionalidad, Derecho de extranjería, Derecho del comercio internacional, Contratación internacional y Protección de datos de carácter personal, entre otros. Ha dirigido infinidad de TFG y TFM y cuatro Tesis doctorales.

Autor de diferentes artículos, notas, recensiones y comentarios relacionados con dichas materias publicados en Revistas científicas, técnicas y de divulgación, españolas y extranjeras; **ha participado, como autor, coautor, director y/o coordinador en** casi 265 libros.

1

PLANTEAMIENTO: LA NECESIDAD DE SUPERAR EL MODELO TRADICIONAL DE TRANSFERENCIA DEL CONOCIMIENTO[1] Y PANORAMA GENERAL DE LAS *STAR-UPS* TECNOLÓGICAS

El ecosistema de *star-ups* tecnológicas ha crecido exponencialmente, impulsando el desarrollo económico y la creación de empleo. Estas empresas emergentes atraen inversores en busca de altos rendimientos y participación en proyectos transformadores. Sin embargo, invertir en *ellas* conlleva complejidades legales como la protección de la propiedad intelectual, derechos de accionistas y la estructura jurídica. Los inversores deben evaluar la tecnología y su madurez, considerando los riesgos. Además, es esencial alinear expectativas con emprendedores, buscando altos retornos financieros, diversificación y acceso a tecnologías disruptivas, mientras planifican estrategias claras de salida para maximizar los beneficios y reinvertir en nuevas oportunidades.

---

1 *Vid.* VV. AA., *Libro Blanco sobre los temas clave de la transferencia de tecnología desde los centros de investigación a las empresas*, disponible en: https://www.transener.eu/media/attachments/2019/07/22/ trnsener-libro-blanco_transferencia_tecnologia_conocimiento_fv.pdf, pp. 7-8.

Las *star-ups* han emergido como actores clave en la economía global, impulsando la innovación, competitividad y crecimiento económico[2]. Pero ¿qué es exactamente una *start-up* y qué la distingue de otros tipos de empresas? Una *start-up* es una empresa de nueva creación que busca desarrollar un modelo de negocio escalable y repetible, basado generalmente en la innovación tecnológica o la disrupción de mercados existentes. Estas empresas operan en condiciones de extrema incertidumbre y buscan oportunidades de crecimiento rápido y sostenible.

Aunque el término *start-up* suele asociarse al sector tecnológico, puede aplicarse a diversos sectores siempre que la empresa cumpla con sus características fundamentales. Steve Blank, emprendedor y académico, define una como «una organización temporal diseñada para buscar un modelo de negocio repetible y escalable». Estas empresas se destacan por su capacidad para innovar y disrumpir industrias, ya sea a través de tecnología, procesos o modelos de negocio.

Un rasgo distintivo de las *star-ups* es su escalabilidad, es decir, la capacidad de crecer rápidamente sin que los costos aumenten proporcionalmente. Esto atrae a inversores que buscan altos rendimientos, ya que permite ampliar la base de clientes y aumentar los ingresos sin que los gastos operativos se disparen al mismo ritmo. También buscan desarrollar un modelo de negocio repetible que pueda ser replicado en diferentes mercados sin grandes adaptaciones.

Las *start-ups* operan en un entorno de incertidumbre, enfrentando riesgos en términos de aceptación del mer-

---

2   *Vid*. el Parque Científico de la Universidad Miguel Hernández de Elche o cómo convertir una idea en una empresa, disponible en: https://parquecientificoumh.es/noticias/en-informacion-el-parque-cientifi-co-de-la-umh-ayuda-100-emprendedores-al-ano-convertir-su-idea-en-empresa; y CINDES: la vía del Parque Científico de la Universidad Miguel Hernández de Elche para fomentar la inversión privada en las *start-ups*, disponible en: https://alicanteplaza.es/cindes-la-via-del-parque-cientifico-de-la-umh-para-fomentar-la-inversion-privada-en-las-startups.

cado, viabilidad técnica y competencia. Por ello, requieren flexibilidad y una alta capacidad de adaptación. Los equipos fundadores, generalmente multidisciplinarios, son fundamentales para superar los desafíos iniciales. Estos equipos combinan habilidades técnicas, de gestión y de negocio, lo que es esencial para tomar decisiones clave y resolver problemas a medida que surgen.

Con recursos financieros limitados, dependen de rondas de inversión para crecer, apoyándose en *business angels*, fondos de capital riesgo o *crowdfunding*. Su enfoque está orientado al cliente, utilizando metodologías como el *«Lean Start-up»*, que promueve la creación de productos mínimos viables y el aprendizaje continuo basado en la retroalimentación del mercado.

Además, la tecnología es un habilitador clave, incluso para aquellas que no son estrictamente tecnológicas. La adopción de tecnologías emergentes les proporciona ventajas competitivas y nuevas oportunidades de mercado. En cuanto a su cultura organizacional, suelen ser ágiles, con estructuras flexibles que les permiten adaptarse rápidamente a cambios en el entorno empresarial, tomar decisiones rápidas y fomentar la iteración constante.

Las *star-ups* aspiran a un crecimiento exponencial, capturando cuota de mercado rápidamente y estableciendo una posición sólida antes de que surjan competidores o cambien las condiciones del mercado. Es importante diferenciarlas de las pequeñas y medianas empresas (PYMEs), que suelen enfocarse en mercados locales con modelos de negocio establecidos y buscan un crecimiento sostenido, pero moderado.

Su ciclo incluye varias etapas: ideación, validación, crecimiento inicial, expansión y consolidación o salida. Desde el desarrollo de la idea inicial hasta su posible consolidación como empresa autosuficiente o su venta a una compañía mayor, el recorrido está marcado por decisiones estratégicas y una constante adaptación al mercado y sus retos.

Las *star-ups* tecnológicas e innovadoras juegan un papel clave en la economía global, impulsando el crecimiento, la innovación y la competitividad. Estas empresas disruptivas introducen nuevas tecnologías y modelos de negocio, desafiando a las compañías tradicionales y mejorando productos y servicios para los consumidores. Además, son grandes generadoras de empleo, especialmente entre jóvenes y talento especializado, contribuyendo a reducir el desempleo y potenciar economías basadas en el conocimiento.

También atraen inversión significativa, convirtiéndose en un motor de desarrollo económico al inyectar capital en sectores clave. Su capacidad para adoptar tecnologías emergentes como la inteligencia artificial y el *blockchain* acelera la digitalización y modernización de industrias tradicionales, mejorando la competitividad de los países.

Además de su impacto económico, muchas están alineadas con objetivos de sostenibilidad y responsabilidad social, abordando desafíos globales como el cambio climático y la inclusión social. Estas empresas no solo fomentan la diversificación económica, reduciendo la dependencia de sectores tradicionales, sino que también promueven una cultura de emprendimiento que inspira a nuevas generaciones y fortalece los ecosistemas colaborativos. Al hacerlo, posicionan a sus países en el mapa global de la innovación, atrayendo talento e inversión extranjera y liderando en sectores tecnológicos emergentes.

1.1. Internacionalización a través de *star-ups*

La estrategia de internacionalización para las *star-ups* es vital para un proceso de expansión culmen, no sólo que fortalezca el crecimiento de la empresa sino también para la ampliación de mercados, es por ello, que la necesidad de la internacionalización es una estrategia común dentro de las *star-ups*. Las principales razones para comprender esta imperiosa necesidad son el avance tecnológico y la escalabilidad del negocio propia de las *star-ups*, que obliga a las mismas, a introducirse en las actividades de comercio internacionalizadas, como, por ejemplo:

Por un lado, el *ecommerce* o comercio electrónico, que es la compra y venta de productos y servicios a través de las plataformas puestas a disposición en Internet; este tipo de compra en línea es un modelo de negocio para *star-ups* que permite abrir nuevas líneas de comercio, siendo ésta una de las opciones preferidas por las empresas «en gestación».

Y, por otro lado, las telecomunicaciones y nuevas tecnologías pueden servir al progreso positivo de las *star-ups,* que pueden utilizar la tecnología innovadora para ofrecer sus servicios, de hecho, *star-ups* tecnológicas se han hecho hueco en el área mercantil y han tenido un impacto auténtico en la sociedad, como, por ejemplo, la empresa Revolut, un banco en línea que, a pesar de haberse creado en 2015, está viendo su resurgir gracias a la hiperconectividad del mundo actual.

Por lo que respecta, al ámbito territorial, las *star-ups* españolas, además de producir en el plano nacional, se interesan en el plano internacional por el continente americano, en concreto en EE. UU. y Latinoamérica, siendo los destinos más concurridos para lanzarse al exterior. Entre algunas de las empresas destacadas están: Crossmint, *start-up* focalizada en el acceso a los NFTs o activos digitales; Fever, plataforma de entretenimiento y ocio; y Denodo, empresa de *software* líder en gestión de datos.

Pero, realmente la pregunta que surge en este momento es, ¿cuáles son las razones para que las empresas de cuna española se marchen fuera de Europa? A continuación, se exponen las razones:

En primer lugar, el proceso de internacionalización de una *start-up* necesita, una vez el proyecto esté en marcha, marcar el **momento adecuado para dar el salto a la expansión** y ello, dependerá en muchas ocasiones del tipo de modelo de negocio de la empresa y, los productos o servicios que comercialice; por tanto, una **diagnosis previa del proyecto y una evaluación del sector competidor** en la ubicación internacional a establecerse puede avanzar las probabilidades de éxito en otros mercados.

21

En segundo lugar, la **ubicación** a escoger por la empresa variará según el modelo de negocio de la *start-up* y su casuística; a pesar de que, EE. UU. y Latinoamérica son las localizaciones más habituales en el emprendimiento de las *star-ups* españolas, la expansión internacional debe contemplar otros potenciales mercados, con vistas a progresar en el futuro, por ejemplo, el mercado asiático o la Europa oriental, porque **no necesariamente el desarrollo internacional debe coincidir, con el establecimiento de una sede en el país destino,** sino que, en cuestión de la clase de mercado y demanda del país deberá escogerse la categoría de comercio oportuna, para la visibilidad y crecimiento de la empresa.

En tercer lugar, los **recursos económicos** de los que disponen los emprendedores primerizos suelen comportar un riesgo importante, sobre todo por las fuentes de donde provienen, que en su mayoría son personales y familiares, es por eso que, una de las necesidades principales son las inversiones nacionales e internacionales que se realizan para después dirigirse a un mercado en concreto[3].

En relación a qué tipo de modelos de negocio para *star-ups* tienen más rentabilidad en el mercado exterior, entre los que existen merecen atención los siguientes modelos que se describen a continuación:

Una vez consolidado el mercado nacional, una de las opciones más viables a la internacionalización es el **modelo Uppsala,** donde poco a poco, el compromiso con los mercados exteriores va gestándose durante el proceso de internacionalización, partiendo de la base de una acumulación de experiencias, que permitan obtener datos de los mercados en países extranjeros, y así poder minimizar los posibles riesgos que pudieran derivarse, en caso de no haber realizado ese estudio previo. De esta forma, en el nuevo mercado extranjero, la empresa tendrá una mayor preparación para enfrentarse como nueva incorporación al mercado y a la competencia.

---

3   *Vid.* GONZÁLEZ, R. (2022). «Internacionalización. Clave para que las startups crezcan. ¿Cómo lograrlo?» *Cinco dias.*

La exteriorización comercial pasa por el avance de fronteras mercantiles hasta encontrar el mercado adecuado para su crecimiento, y en este camino es donde se encuentra el **modelo Born Global.** El aprovechamiento de las TICs y la apuesta por la visión internacional desde los inicios de la empresa cede la competencia a un mercado más grande, tras quedarse el mercado interno pequeño, diversificando así el riesgo de las operaciones en un solo mercado, teniendo en cuenta, los ciclos económicos de cada país en cuestión.

Cómo se introduce una empresa Born Global en el mercado puede conseguirse a través de las siguientes vías que varían según el grado de control en el mercado exterior:

Las exportaciones y licencias son accesos que no requieren un control exhaustivo ya que, la relación entre proveedor y comprador no es cercana y simplemente se dirige al cumplimiento de un objetivo que es la venta.

Sin embargo, los contratos de agentes distribuidores, franquicias, contratos de fabricación o incluso, el registro de patentes ostenta un nivel de riesgo medio y por ende un control más presente, por el carácter competitivo que entrañan en la economía del mercado, y por un contacto directo más próximo al cliente y a las tendencias de mercado.

Por último, el control permanente y necesario se lleva a cabo en aquellas empresas que nacen de filiales o que reciben inversión directa; la respuesta a este control es sencilla, las empresas necesitarán de implementar estrategias de en mercados claves, que requieren de la adaptación a las particularidades de cada país, y esta es la principal razón por la que, las empresas en el extranjero, se someten a proceso de monitoreo interno, si gozan de una presencia sólida en el mercado.

Una vez analizadas las cuestiones referentes a la internacionalización, conviene exponer dos supuestos diferenciados en el comercio internacional: de un lado, la prestación de servicios de empresas españolas en países extranjeros y, de otro lado a la inversa, las empresas extranjeras que prestan servicios en España.

Para empezar, se situará el primer punto de estudio, con respecto a la exteriorización empresarial, es decir, cómo es el panorama de las empresas españolas en el extranjero.

La estrategia de filiales en el extranjero es cada vez más abundante en un mercado con economías de escala y, sobre todo, en aquellos sectores más competitivos en los que cuesta posicionarse, como por ejemplo, la banca o las telecomunicaciones, es por ello que, el auxilio financiero de entidades tanto públicas como privadas, aporta ligereza al proceso de expansión. Este respaldo se halla en empresas como COFIDES (sociedad mercantil estatal para la financiación del desarrollo), ICEX (entidad pública empresarial española) o CESCE (compañía española de seguros en exportación), que han facilitado la promoción internacional y el apoyo financiero en la inversión extranjera, así como, de asesoramiento en la cobertura de riesgos, en las operaciones de comercio internacional.

En el marco de la **entrada de capital extranjero,** debe estarse a la regulación española, y en concreto, al Real Decreto 571/2023, de 4 de julio, sobre inversiones exteriores, que define y considera inversiones extranjeras, a las que dedica los arts. 4 y 5, y para las que dispone, control y seguimiento de las obligaciones sobre inversiones extranjeras, conforme al Derecho de la Unión Europea.

Aunque, la situación económica española no sea boyante actualmente, los flujos de créditos desde 1990 hasta el 2006 (que dio lugar al estallido de la crisis de la burbuja inmobiliaria), posibilitaron la creación de economías emergentes y políticas macroeconómicas, que perseguían el movimiento de capitales donde predominara la **inversión extranjera directa** (en adelante, IED). La atracción de IED constituye un elemento crucial en la configuración de la economía internacional.

Los **efectos** son **positivos** tanto para el país receptor que recibe la inversión, como para el país de origen que la emite, y estos se traducen en:

– Producción de la demanda de bienes del país de origen, favoreciendo así las exportaciones españolas.

– Incremento de empleo basado en las necesidades de la filial en el exterior.

– Avance de la posición competitiva de la empresa matriz en la diversificación de clientes y geografía.

Ahondando en la dimensión transfronteriza, la expansión de una *start-up* española hacia mercados extranjeros clave como Estados Unidos, América Latina o el propio Mercado Único Europeo, introduce un estrato de complejidad jurídica y regulatoria que exige una planificación meticulosa. El mercado estadounidense, por ejemplo, representa un polo de atracción ineludible por su acceso a capital, su vasta base de consumidores y un ecosistema de innovación maduro; no obstante, la entrada en este jurisdicción implica navegar un laberinto normativo. La elección de la estructura societaria es una decisión primordial, donde la Corporation registrada en el estado de Delaware suele ser la opción predilecta por su flexibilidad fiscal y un marco de derecho corporativo predecible y favorable para los inversores[4]. Esta elección se ve acompañada de la necesidad de cumplir con los requisitos migratorios, como la *International Entrepreneur Rule*, que establece umbrales de inversión mínimos (aproximadamente 311.071 USD) o la obtención de subvenciones gubernamentales significativas para los fundadores no ciudadanos[5]. Adicionalmente, el régimen fiscal estadounidense, aunque atractivo con una tasa corporativa federal del 21 %[6], presenta complejidades en la repatriación de beneficios y está sujeto a la aplicación del Convenio de Doble Imposición con España para evitar la fiscalidad duplicada, cuya última versión entró en vigor en 2019[7]. Los desafíos no son menores, pues un 34.3 % de las empresas españolas en EE. UU. identifican las barreras regulatorias

---

4   *Vid.* Buzko Krasnov, *Legal Guide for Startup Founders in the USA 2023*, 2022.

5   *Vid.* USCIS, «International Entrepreneur Rule», *USCIS*, 2025.

6   *Vid.* El Referente, «Por qué las startups españolas se mudan a EE. UU.», en *El Referente*, 30 de abril de 2024.

7   *Vid.* ICEX, *Guía país. Estados Unidos*, 2023.

como un obstáculo principal[8], una cifra que subraya la necesidad de asesoramiento legal especializado. Fondos de capital riesgo de primer nivel como Sequoia, de hecho, a menudo condicionan su inversión a que la *start-up* tenga una presencia legal y operativa sustancial en Estados Unidos, lo que demuestra la interconexión entre la estrategia de financiación y la internacionalización[9]. Esta exigencia, a su vez, genera tensiones presupuestarias debido al mayor coste del talento tecnológico en dicho mercado.

Por otro lado, la expansión hacia América Latina, con México como uno de sus mercados más representativos, ofrece ventajas de proximidad cultural y lingüística, pero presenta un panorama legal y fiscal igualmente particular. La constitución de una entidad legal en México, típicamente una Sociedad Anónima de Capital Variable (S.A. de C.V.), debe realizarse en estricto cumplimiento de la Ley General de Sociedades Mercantiles y las regulaciones de inversión extranjera[10]. Fiscalmente, las empresas se enfrentan a un impuesto corporativo del 30 % sobre la renta y a un Impuesto al Valor Agregado (IVA) general del 16 %[11]. Aunque el tratado de doble imposición con España mitiga ciertos riesgos, la gestión de precios de transferencia entre la matriz española y la filial mexicana, así como el cumplimiento de las normativas laborales locales, que son considerablemente protectoras con el trabajador, requieren una atención minuciosa[12]. España se ha posicionado como un proveedor clave en sectores tecnológicos y energéticos en México, lo que puede facilitar la entrada comercial[13], pero esta oportunidad solo puede capitalizarse si se navegan con éxito los requisi-

---

8   *Vid.* Solunion, «Empresas españolas en Estados Unidos: oportunidades y desafíos», en *Solunion*, 26 de diciembre de 2023.

9   *Vid.* El Referente, «Por qué las startups españolas se mudan a EE. UU»., en *El Referente*, 30 de abril de 2024.

10 *Vid.* Garrigues, *Doing Business México 2024*, 2024.

11 *Vid.* Deloitte, *Ficha sobre fiscalidad en México*, 2024.

12 *Vid.* ICEX, «México: cómo hacer negocios», en *Aulavirtualicex*, 2023.

13 *Vid.* Iberglobal, «Ficha país de ICEX: México», en *Iberglobal*, 1 de diciembre de 2024.

tos burocráticos y se comprende la idiosincrasia de los negocios locales, que a menudo demandan un enfoque más relacional y presencial. De este modo, la estrategia de entrada debe ser cuidadosamente calibrada, considerando si es más conveniente una filial, una sucursal o una alianza estratégica con un socio local para minimizar la exposición a los riesgos regulatorios y operativos.

Finalmente, la operación dentro del Mercado Único de la Unión Europea, si bien elimina barreras arancelarias, no erradica las fricciones regulatorias. La internacionalización intra UE para una *start-up* española implica confrontar un mosaico de sistemas legales y fiscales nacionales. Por ejemplo, la elección de establecer una filial en Alemania expone a la empresa a un impuesto corporativo que ronda el 15-17 % (dependiendo de factores locales) y a una de las interpretaciones más estrictas del Reglamento General de Protección de Datos (RGPD)[14]. La comparación entre jurisdicciones se vuelve crucial; mientras Irlanda ha sido históricamente atractiva por su tipo impositivo del 12,5 % (aunque con la tendencia a subir al 15 % para grandes empresas), Estonia ofrece un modelo fiscal innovador con un 0 % sobre los beneficios reinvertidos, gravando únicamente los dividendos distribuidos al 20 %[15]. Más allá de la fiscalidad, las *start-ups* digitales que operan en la UE deben ahora cumplir con un nuevo cuerpo normativo de gran calado, como la Ley de Servicios Digitales (DSA) y la Ley de Mercados Digitales (DMA), que imponen obligaciones de transparencia y limitan las prácticas de las grandes plataformas, creando a su vez oportunidades para nuevos competidores[16]. A esto se suma la emergente Regulación de la Inteligencia Artificial (AI Act), que establecerá un marco basado en el riesgo para el desarrollo y uso de sistemas de IA, con un impacto directo en *start-ups* como la hipotética *InnovaTech*. Por consiguiente, la inter-

---

14   *Vid.* ICEX, *Guía país. Alemania*, 2023.

15   *Vid.* e-RESIDENT.GOV.EE, «Pros y contras de crear una empresa en distintos países», en *e-resident.gov.ee*, 2023.

16   *Vid.* GOBE STUDIO, «3 regulaciones europeas que debes conocer si eres una startup», en *Gobe Studio*, 2024.

nacionalización, ya sea transatlántica o intraeuropea, es un ejercicio multidimensional que va más allá de la mera expansión comercial, requiriendo una profunda inmersión en los marcos legales, fiscales y culturales de cada mercado objetivo.

1.2. Definición y características de las *start-ups*[17]

Se define como *start-up* a una empresa pequeña o mediana de reciente creación relacionada con el mundo tecnológico. Se diferencia de otras empresas en que la idea de negocio es innovadora y evoluciona de manera escalonada hasta hacerla rentable.

Las *start-up* tienen una serie de **elementos diferenciadores** que explican su naturaleza; como son el carácter temporal, carácter novedoso, costes reducidos, financiación externa y un alto riesgo.

Muchas de estas compañías emergentes desaparecen al poco tiempo de vida o son vendidas antes de encontrar un modelo de negocio estable. Sin embargo, existen notables ejemplos de *start-up* que han prosperado, convirtiéndose en negocios de referencia como es el caso de Google, Facebook, etc.

La tipología profesional a la que va dirigida una *start-up* o los perfiles profesionales son los siguientes:

– **Emprendedores y fundadores de** *star-ups* en fase inicial de crecimiento, que desean disponer de una visibilidad real de la situación para la toma de decisiones.

– **Profesionales de las finanzas,** que buscan aprender o reforzar los conceptos en el reciente ámbito de las *star-ups.*

---

17 *Vid.* VV. AA., *Libro Blanco sobre los temas clave de la transferencia de tecnología desde los centros de investigación a las empresas*, disponible en: https://www.transener.eu/media/attachments/2019/07/22/trnsener-libro-blanco_transferencia_tecnologia_conocimiento_fv.pdf, p. 13.

– **Business Angels y Venture Capital,** que analizan las *star-ups* como inversores potenciales, fijándose en los modelos de negocio.

– O, **perfiles corporativos** que desean invertir en el capital de riesgo o adentrarse en la carrera profesional de las *star-ups*.

– Las **claves para sacar adelante una** *start-up* son:

  » Poseer un componente tecnológico innovador.

  » Tener varios profesionales especializados en diferentes sectores.

  » Dirigirse a nichos de mercados con alto potencial.

  » Obtener buena financiación tanto en cantidad como en el tiempo.

  » Tener una gran capacidad para el cambio.

  » Adaptarse rápidamente a las necesidades del mercado.

En muchas ocasiones, cuando el negocio prospera suelen ser compradas por otras empresas más grandes que acaban invirtiendo y actuando de lanzadera.

Una vez la *start-up* ha obtenido un modelo de negocio repetible y escalable significa el fin de la *start-up* en sí misma, que pasa a convertirse la empresa clásica tal y como la conocemos.

1.3. Alternativas financieras (privadas) para las empresas de base tecnológica en función de sus etapas de desarrollo

- Aportaciones del promotor/promotores del proyecto. Es la principal vía de financiación en las etapas iniciales de un proyecto, conjuntamente con el apoyo de sus familiares y amigos. Los promotores suelen apostar la mayor parte de los recursos y suelen ser habituales las aportaciones no dinerarias basadas en tecnología y know-how.

Seguramente, en ellas está la esencia del proyecto, pero son muy complicadas de valorar y pueden conllevar restricciones fiscales. Además, los promotores ofrecen a menudo una alternativa de financiación del capital circulante al renunciar a salarios dignos durante la puesta en marcha de la empresa.

- **Apoyo económico de la familia** *(family)*, **amigos** *(friends)* y **«locos»** *(fools)*. Estos financiadores son conocidos en la literatura financiera por las tres «F» debido a las siglas de su traducción al inglés. Lo normal es que este apoyo financiero se fundamente en pequeñas sumas de dinero o en la aportación de garantías para facilitar el endeudamiento del proyecto. Sus decisiones de inversión no se suelen basar en una evaluación profesional, sino que se guían más por el afecto y apego a los promotores. Resaltar el inconveniente que puede conllevar este tipo de financiación al poder incorporar los problemas de ámbito familiar y de amigos al modelo de gestión del proyecto.

- **Inversor informal** *(business angel)*. Empresarios o directivos, en activo o no, que han acumulado una cantidad importante de dinero y que poseen una amplia experiencia profesional y/o empresarial. Estos prefieren invertir parte de su patrimonio en empresas que no coticen en bolsa centradas en sectores de actividad que ellos conocen, frente a alternativas de inversión más tradicionales (mercado de valores, fondos de inversión...). Casi siempre quieren participar activamente en la gestión y pueden tener «tentaciones» de hacerse con el control del negocio. Por el contrario, además de aportar financiación, mejoran las capacidades de gestión de los emprendedores gracias a su experiencia y conocimientos de mercado.

- **Capital riesgo.** Inversores institucionales que toman temporalmente participación en el capital de una empresa, minoritaria o mayoritariamente, con el fin de obtener una plusvalía en el momento de la desinversión. Estas instituciones actúan bajo criterios profesionales e invierten en empresas, habitualmente consolidadas, con un alto potencial de crecimiento y con exigencias de importantes cantidades capital para financiar dicho crecimiento.

- **Financiación bancaria.** Los problemas de acceso a esta fuente de financiación los hemos detallado en la introducción del presente documento. El comportamiento de estos agentes financieros se basa en prestar dinero a corto/medio plazo con el fin de poder controlar más fácilmente el riesgo de las operaciones. Además, ofrecen diversos servicios financieros necesarios para el funcionamiento normal de la empresa, siendo, por tanto, proveedores casi obligatorios para cualquier empresa, sea cual sea su dimensión.

1.4. Procedimiento para obtener inversión privada o «ronda de financiación»

En las fases iniciales de la vida de una *start-up* las fuentes de financiación suelen ser familiares y amigos y otros inversores privados *(business angels)* o aceleradoras, que creen en el talento del equipo fundador y el potencial del producto que han desarrollado. Superada una fase inicial con cierto éxito, el *mix* de financiación de las *start-ups* incluye deuda bancaria, financiación de entidades que promueven la innovación, subvenciones al desarrollo tecnológico y nuevas aportaciones a los fondos propios de inversores privados, los brazos de inversión en innovación de grandes corporaciones y fondos de inversión en fases tempranas de desarrollo de un proyecto.

Una vez superada la siguiente fase del desarrollo del producto y penetración en el mercado, las *star-ups* consiguen un mejor acceso a la financiación bancaria y surgen nuevas oportunidades de financiación como: (i) el denominado *venture debt*, facilitado tanto por entidades bancarias como por fondos de deuda y que incluye un elemento de retribución al financiador en caso de éxito del proyecto, adicional al tipo de interés (que puede ser en forma de participación en los fondos propios del deudor u otras fórmulas de retribución adicional contingente al financiador) y (ii) los denominados fondos de *venture capital*, esto es, inversores institucionales especializados en invertir para financiar el crecimiento del negocio de las *star-ups*.

La organización y duración de una ronda de financiación depende del tipo de ronda y de la fase en la que se encuentre la *start-up*. *Las* rondas de inversión o financiación de las etapas iniciales, normalmente atendidas por personas allegadas a los fundadores o *business angels*, son más informales y no están tan sujetas a procedimientos tan reglados como las que acometen los actores de *venture capital*. En estos últimos, las rondas de financiación suelen comenzar con una etapa preliminar bastante extensa, donde la empresa se prepara para mostrarse a posibles inversores: es una etapa que se gestiona exclusivamente a nivel interno e implica importantes medidas de gestión para potenciar ventas y detectar y limar aquellas posibles debilidades sobre las que más adelante puedan poner el foco los inversores. Es importante que en esta etapa preliminar estén ya presentes los asesores.

A continuación, llega el momento de la búsqueda de los inversores, algunos de los cuales puede que se hayan acercado ya a la compañía y sus socios previamente. Es el momento de explicar el plan de negocio previamente elaborado para este propósito. A partir de ahí, se realiza una selección natural de los posibles inversores, bien porque la *start-up* sea lo suficientemente atractiva como para escoger a aquellos que ofrezcan un mejor perfil para la compañía, bien porque, por el contrario, como viene siendo más habitual últimamente por la situación actual del mercado, algunos inversores se caigan del proceso al no encajar la sociedad en sus planes de inversión o rentabilidad.

Seleccionado un grupo de inversores candidatos, éstos realizarán una *due diligence* muy amplia sobre la *start-up*, que comprende no solamente aspectos legales y financieros, sino también aspectos técnicos y de propiedad industrial, sobre todo cuando hablamos de *start-ups* tecnológicas. Finalmente, llega la etapa de negociación y firma de los documentos de la inversión, esto es, el acuerdo de inversión y el acuerdo de socios (o un único acuerdo de inversión y entre socios) en los que se determina cómo se va a ejecutar la inversión, en qué plazos y en qué términos y condiciones, así como la posición que van a ocupar los nuevos inversores dentro del conjunto de socios que va a tener la compañía.

Son procesos largos, diríamos que el estándar es que duren desde 4 meses a más de un año, desde la fase preliminar hasta la fase de ejecución de la inversión. Suelen ser bastante complejos dado que los inversores, como es natural, tratan de construir un esquema de protección de la rentabilidad de su inversión en un entorno (la propia *start-up*) mucho más propenso al riesgo que el de compañías más maduras y, por tanto, más estabilizadas.

2

CONDICIONES DE ENTRADA PARA INVERSORES

2.1. Requisitos legales y regulatorios

La participación en *star-ups* implica cumplir con requisitos legales y regulatorios para proteger los intereses de los inversores y asegurar el cumplimiento normativo. Entre los primeros aspectos a considerar está la estructura legal, donde en España las formas más comunes son la Sociedad de Responsabilidad Limitada (SRL) y la Sociedad Anónima (SA), que afectan la responsabilidad de los socios y la transmisión de participaciones. Los inversores deben asegurarse de que la empresa esté registrada adecuadamente.

Las que operan en sectores regulados, como *fintech* o biotecnología, deben cumplir con normativas específicas, como las del Banco de España o la CNMV. Además, la protección de la propiedad intelectual es fundamental. Patentes, marcas y derechos de autor protegen sus activos, y los inversores deben verificar que la propiedad intelectual esté resguardada y no infrinja derechos de terceros.

Las operaciones de inversión están sujetas a la legislación en materia de valores, y los inversores deben formalizar su participación a través de acuerdos de inversión que incluyan cláusulas de protección como preferencias de liquidación o derechos antidilución. La debida diligencia legal es crucial para detectar riesgos legales antes de invertir. Finalmente, deben cumplir con obligaciones fiscales y laborales, y si operan internacionalmente, deben tener en cuenta las regulaciones extranjeras, incluidas las normativas de protección de datos, como el RGPD, para evitar sanciones.

Una *start-up* empresarial es una estrategia emocionante, pero no exenta de desafíos legales y regulatorios que deben abordarse cuidadosamente. Aquí hay algunos aspectos clave a considerar:

- Forma jurídica de la empresa[18]:

La elección de la estructura legal adecuada para la *start-up* es fundamental. Esto puede incluir opciones como la creación de una nueva entidad legal independiente, la formación de una subsidiaria o la venta de la división a un tercero. La elección dependerá de la situación específica y los objetivos de la empresa matriz.

Un aspecto jurídico a considerar en cualquier nueva empresa es la forma jurídica que la misma va a adoptar. En general, cualquier proyecto acometido desde el ámbito de la universidad deberá configurarse como una sociedad. Teniendo en cuenta que el número de socios iniciales no será numeroso, la Sociedad Limitada será la más conveniente en la mayoría de los casos. De todos modos, la elección habrá que basarla en las circunstancias concretas de cada proyecto.

Es importante conocer que la constitución de la *start-up* como una sociedad limitada supone la creación de una entidad nueva, independiente de la propia universidad y de los demás promotores e inversores. Las decisiones en esta nueva persona jurídica estarán en manos de los socios en proporción a la aportación que cada uno de ellos haya hecho a la misma.

---

18 *Vid.* Universitat de València, *Manual para redactar el plan de empresa de una spin-off*, 2007, disponible en: https://www.uv.es/serinves/docs/ManualSPINOFF_PC.pdf, p. 43.

En los casos en que la aportación realizada por los investigadores o por la Universidad, en el caso de que ésta tome participaciones en la empresa, se concrete en forma de intangibles (el Conocimiento en sí mismo) adquiere gran importancia la valoración de la propiedad intelectual aportada ya que ésta, convertida en el valor de las acciones, va a tener consecuencias en lo que a dirección de la futura empresa se refiere. Esta eventual participación de la universidad en la empresa será mayor o menor según la valoración que se haya hecho de esa propiedad intelectual en el momento de constituirla. Y, en consecuencia, el peso en las decisiones que se adopten será también proporcional a esa participación.

En cualquier caso, no todas las decisiones de la empresa son adoptadas por la Junta de Accionistas. Esto no sería operativo. La Junta de Accionistas deberá nombrar un órgano de administración colectivo (Consejo de Administración) o individual (Administrador Único) que será el que realmente tenga la responsabilidad de adoptar la mayoría de las decisiones. La composición de ese Consejo depende también de la distribución de las acciones, y de lo que los socios decidan.

En el caso de socios que mantengan su vinculación estatutaria con la Universidad, éstos sólo podrán formar parte del Consejo de Administración en aquellas empresas que hayan sido promovidas y estén participadas por la propia universidad.

- **Protección de la propiedad intelectual**[19]:

Otro aspecto jurídico más específico del tipo de empresas que estamos considerando es el relativo a la protección y propiedad del conocimiento puesto al servicio de la empresa. Como primera medida debería establecerse la obligatoriedad por parte de todo aquel que tenga acceso al Plan de Empresa de firmar un acuerdo de confidencia-

---

19 *Vid.* UNIVERSITAT DE VALÈNCIA, *Manual para redactar el plan de empresa de una spin-off,* 2007, disponible en: https://www.uv.es/serinves/docs/ManualSPINOFF_PC.pdf, pp. 43-44.

lidad. No sólo corremos el peligro de que la propiedad intelectual sea divulgada indebidamente, sino que estamos expuestos a que las propias ideas relacionadas con la creación de la empresa caigan en manos que pretendan sacar ventaja de ello.

En muchos casos, las innovaciones o invenciones que son desarrolladas dentro de las universidades o centros de investigación son financiadas parcial o totalmente por la institución académica, por fondos públicos o por un inversor privado. Esto puede generar disputas sobre quien posee los derechos de la propiedad intelectual.

Los derechos de propiedad industrial e intelectual en los que se basa la tecnología subyacente del *start-up* suelen constituir, con carácter general, el núcleo de su negocio. Por ese motivo, los socios inversores deberán asegurarse con carácter previo a su entrada en el capital de que esos derechos de propiedad industrial e intelectual son titularidad de la *start-up* y, en su caso, de que están debidamente inscritos en los registros correspondientes. Si no lo fueran, como podría suceder en *star-ups* provenientes del ámbito universitario, deberá preverse la suscripción de un contrato de transferencia de tecnología mediante el que se aporten o se licencien en exclusiva los correspondientes activos al *start-up*.

Al hablar con anterioridad de la valoración de la propiedad intelectual se ha asumido la aportación de la misma al capital de la empresa. No es ésta la única vía en que podemos explotar esa propiedad intelectual desde la empresa. Cabe optar por la «compra» del conocimiento (compra de patentes u otros títulos de protección de titularidad de la universidad o compra de los derechos de propiedad para que la empresa proteja a su nombre) pero lo más usual es establecer un acuerdo por el que la propiedad industrial e intelectual sigue perteneciendo a la universidad, pero los derechos de su explotación se licencian a la nueva empresa a cambio del pago de un justiprecio, en forma, entre otros, de royalties. En este caso, los pagos establecidos deberían figurar tanto en este apartado como en el listado de pagos periódicos del Plan Económico-Financiero.

En cualquier caso, conviene también establecer qué va a ocurrir con la propiedad intelectual que se genere a partir de la creación de la empresa. ¿Va a quedar en manos de la misma?, ¿de la universidad?, ¿compartida por ambas? ¿Quién se va a ocupar de protegerla con las correspondientes patentes? Todo esto deberá ser negociado y regulado por escrito, bien en los contratos de licencia firmados entre la universidad y la empresa, bien en los sucesivos contratos que regularán la colaboración futura entre los investigadores de la universidad y la empresa.

- **Implicaciones fiscales:**

Las implicaciones fiscales pueden ser una de las partes más complejas de la *start-up*. Esto incluye la determinación de cómo se gravarán los activos y pasivos transferidos y cómo se tratarán los impuestos a nivel corporativo e individual. Consultar con un experto en impuestos es esencial para garantizar un enfoque fiscalmente eficiente.

- **División de activos y pasivos:**

La división de activos y pasivos entre la empresa matriz y la *start-up* debe llevarse a cabo con precisión y conforme a las regulaciones fiscales y comerciales aplicables. Esto puede incluir la transferencia de propiedad intelectual, contratos, empleados y más.

- **Cumplimiento regulatorio:**

Cada industria y jurisdicción puede tener regulaciones específicas que deben cumplirse al realizar la *start-up*. Asegurarse de cumplir con todas las leyes y regulaciones relevantes es crucial para evitar problemas legales futuros.

- **Contratos y acuerdos:**

Es importante revisar y ajustar los contratos y acuerdos existentes para reflejar la separación de la *start-up*. Esto puede incluir contratos de proveedores, acuerdos de empleados y acuerdos de clientes.

- Problemas en el reparto de beneficios entre los socios:

A la hora de invertir en una *start-up*, hay que tener claro qué derechos adquirimos. El pacto de socios es, como su propio nombre indica, el documento privado que regirá la relación entre el inversor y la participada y sus socios. Se trata así de fijar las reglas del juego entre los implicados para el buen funcionamiento de la empresa.

En dicho documento se deben incluir ciertas cláusulas cuyo objetivo es dejar claro quiénes participan en el pacto, fijar cómo se realizará la venta de acciones o estipular si los inversores tendrán derecho preferente de compra ante situaciones como una ampliación de capital.

Más allá de los derechos económicos, también se pueden fijar otros como el derecho de información (para conocer todo lo que sucede en la compañía), el derecho de veto (para que los socios puedan bloquear decisiones relevantes como una ampliación de capital o el endeudamiento de la empresa) o el derecho a entrar en el Consejo de Administración para velar por los intereses de los accionistas.

- Conflictos de intereses entre inversores y socios fundadores:

Una de las negociaciones clave del pacto de socios será la composición del órgano de administración y la determinación de las mayorías reforzadas y los derechos de veto de los socios minoritarios, donde se pondrá en juego el control de la *start-up*. En esta negociación, los socios inversores velarán por la protección de su inversión, mientras que los socios fundadores tratarán de mantener su autonomía para gestionar el proyecto sin verse presos de excesivas limitaciones

Una preocupación habitual de los socios de cualquier *start-up* es que su participación se vea diluida como consecuencia de la celebración de nuevas rondas de financiación y de la entrada en el capital de nuevos inversores. La Ley de Sociedades de Capital ya contempla una herramienta jurídica para evitar esa dilución: el derecho de asunción preferente, que posibilita a cualquier socio mantener su porcentaje en el capital siempre que acuda a las rondas de financiación de la *start-up*.

Sin embargo, la ley no protege al inversor de un eventual supuesto en el que la valoración de la sociedad *premoney* en una ronda de financiación —esto es, la valoración previa a la entrada del nuevo capital— sea inferior a la valoración *postmoney* —la valoración tras la entrada del nuevo capital— de la ronda de financiación en la que entró dicho inversor. En este caso, los inversores que acudan a la nueva ronda de financiación asumirán las nuevas participaciones en la sociedad a un precio inferior al que desembolsaron los antiguos inversores, de manera que, para estos últimos, se alteraría la proporcionalidad entre la dilución de su participación y el mayor valor de la compañía.

Para proteger a los socios en estos supuestos, existen distintas clases de mecanismos antidilución que los socios inversores pueden estar interesados en incluir en el pacto de socios y que, en función de su fuerza negociadora, serán más o menos agresivos (esto es, lograrán el efecto de atenuar en mayor medida el efecto de la dilución en perjuicio de la propia sociedad y de los socios fundadores). A efectos societarios, estos mecanismos se implementarán habitualmente mediante la renuncia por parte de algunos de los socios a su derecho de asunción preferente ex ante, en la proporción que resulte necesaria para que el socio que tenga derecho a no diluirse mantenga su participación.

- La dilución:

La dilución se produce cuando la propiedad de los socios inversores de un *start-up* se diluye, decrece, como consecuencia de un aumento de capital.

Para ejemplificar el concepto de dilución, nada mejor que imaginar la propiedad de una *start-up* como una tarta. Cuando, llegado el momento, las necesidades del proyecto requieren de más financiación, se plantea la posibilidad de hacer una ampliación de capital: **se aumenta el tamaño de la tarta para que otros puedan hacerse con una porción** (a cambio de su correspondiente inversión).

Cuando se produce esta ampliación del tamaño de la tarta, pueden darse dos escenarios. Por una parte, aquellos inversores que ya tienen una parte de la propiedad **pueden optar a comprar una determinada cantidad de las nuevas acciones** con la intención de que su porcentaje no disminuya como consecuencia de la entrada de nuevos inversores. Sin embargo, si declina esta posibilidad, el antiguo inversor verá que, al aumentar el tamaño de la tarta, el porcentaje que representa su porción es ahora más pequeño.

Así, la dilución se puede producir de dos formas: porque algunos de los antiguos socios realizan una nueva aportación y el porcentaje de los que no participan en la ampliación de capital disminuye, o bien porque entra nuevo accionariado a la empresa. En cualquier caso, la causa y la principal consecuencia coinciden: **la *start-up* necesita financiación** y, para obtenerla, aquellos que ya estaban involucrados con el proyecto ceden una parte de su propiedad.

LA DILUCIÓN

La dilución se produce cuando la propiedad de los socios inversores de un *start-up* se diluye, decrece, como consecuencia de un aumento de capital. Así, la dilución se puede producir de dos formas: porque algunos de los antiguos socios realizan una nueva aportación y el porcentaje de los que no participan en la ampliación de capital disminuye, o bien porque entra nuevo accionariado a la empresa.

Para ejemplificar el concepto de dilución, nada mejor que imaginar la propiedad de una *start-up* como una tarta. Cuando, llegado el momento, las necesidades del proyecto requieren de más financiación, se plantea la posibilidad de hacer una ampliación de capital: se aumenta el tamaño de la tarta para que otros puedan hacerse con una porción (a cambio de su correspondiente inversión). Cuando se produce esta ampliación del tamaño de la tarta, pueden darse dos escenarios. Por una parte, aquellos inversores que ya tienen una parte de la propiedad pueden optar a comprar una determinada cantidad de las nuevas acciones con la intención de que su porcentaje no disminuya como consecuencia de la entrada de nuevos inversores. Sin embargo, si declina esta posibilidad, el antiguo inversor verá que, al aumentar el tamaño de la tarta, el porcentaje que representa su porción es ahora más pequeño.

Fuente: Elaboración propia.

- Comunicación con las partes interesadas *(Stakeholders)*:

La comunicación efectiva con empleados, inversores y otros stakeholders es esencial. Informar claramente sobre la estrategia de la *start-up* y cómo afectará a cada grupo es fundamental para mantener la confianza.

2.2. *Due diligence* y análisis de riesgos

La *due diligence* o debida diligencia es un proceso esencial que los inversores realizan antes de invertir en una *start-up* tecnológica e innovadora. Este análisis exhaustivo permite evaluar la situación real de la empresa, identificando oportunidades y riesgos potenciales. A través de la *due diligence*, se verifica la veracidad de la información proporcionada por los fundadores y se examinan aspectos clave como la viabilidad del modelo de negocio, la solidez financiera, el cumplimiento legal y la propiedad intelectual.

En el ámbito financiero, se revisan los estados contables, proyecciones financieras, fuentes de ingresos y estructuras de costos. Esto ayuda a determinar la salud financiera de la *start-up* y su capacidad para generar beneficios sostenibles. También se analizan las necesidades futuras de financiamiento y la eficiencia en el uso de los recursos disponibles.

Desde la perspectiva legal, es fundamental examinar la constitución de la empresa, estatutos sociales, pactos de socios y contratos relevantes. Se verifica el cumplimiento de obligaciones fiscales y laborales, así como la existencia de litigios o contingencias legales que puedan afectar a la empresa. La protección de la propiedad intelectual es otro aspecto crítico, evaluando patentes, marcas registradas y derechos de autor para asegurar que los activos intangibles estén debidamente protegidos.

El análisis de mercado y competencia es crucial para entender el posicionamiento de la *start-up*. Se estudia el tamaño del mercado, tendencias, barreras de entrada y la estrategia para alcanzar y mantener una ventaja competitiva. Evaluar la propuesta de valor y la aceptación del producto o servicio en el mercado permite estimar el potencial de crecimiento y escalabilidad del negocio.

El equipo humano es otro factor determinante. Se valora la experiencia, habilidades y cohesión del equipo fundador y directivo. Un equipo sólido y comprometido incrementa las posibilidades de éxito y facilita la ejecución del plan de negocio.

El análisis de riesgos complementa la *due diligence* al identificar y cuantificar los posibles obstáculos que pueden afectar a la inversión. Los riesgos pueden ser internos, como problemas en la gestión o desarrollo tecnológico, o externos, como cambios regulatorios o económicos. Clasificar los riesgos según su probabilidad e impacto permite priorizar acciones para mitigarlos.

La realización de una *due diligence* rigurosa y un análisis de riesgos detallado no solo protege los intereses del inversor, sino que también aporta valor a la *start-up*. Identifica áreas de mejora y fortalece la confianza entre las partes.

Podríamos decir la *due diligence* se puede dividir en las siguientes áreas:

- **Financiera:** revisión financiera con respecto a la rentabilidad y proyecciones de la empresa, así como evaluación de las rondas de inversión y uso de fondos.

- **Legal:** análisis de contratos con clientes, proveedores y empleados, cumplimiento normativo en materia de propiedad intelectual, debidamente registrando patentes, marcas y, conformar una sólida estructura societaria.

- **Operativa:** realizar modelos de negocio y escalabilidad para lograr eficiencia operativa, y determinar un equipo con roles clave en la empresa.

- **Mercado y Estrategia:** optar por estrategias de crecimiento y expansión posicionando la competencia, y evaluar los riesgos y tendencias del mercado.

En última instancia, este proceso es fundamental para tomar decisiones de inversión informadas y aumentar las posibilidades de éxito en el dinámico y competitivo mundo de las *star-ups*. Si una *start-up* pasa con éxito la *Due Diligence,* es más probable que consiga inversión o sea adquirida en mejores condiciones.

Profundizando en el mecanismo de la debida diligencia, es imperativo desgranar el «cómo» se ejecuta este proceso inquisitivo, ya que su rigor y alcance varían sustancialmente en función de la madurez de la *start-up* y el perfil del inversor. La *due diligence* no es un acto monolítico, sino un conjunto de auditorías concurrentes que pueden durar desde unas pocas semanas hasta varios meses[20]. La **due diligence legal,** por ejemplo, se erige como el pilar fundamental para verificar la salud corporativa de la empresa. En esta fase, los asesores del inversor solicitarán una lista exhaustiva de documentos que van más allá de los meros estatutos. Se examinarán con lupa el libro de registro de socios para confirmar la titularidad del capital *(cap table)*, los pactos de socios existentes para identificar cláusulas que puedan afectar a la nueva inversión (como derechos de adquisición preferente o cláusulas antidilución preexistentes), y todas las actas de juntas y consejos de administración para validar que las decisiones corporativas se han tomado conforme a derecho[21]. Uno de los errores más comunes que esta revisión saca a la luz es un *cap table* desactualizado o incorrecto, o la existencia de contratos de opción sobre acciones *(stock options)* mal redactados, lo que puede retrasar o incluso cancelar la operación de inversión[22]. Además, se auditarán todos los contratos relevantes: con empleados (verificando el cumplimiento de la normativa laboral), con proveedores clave

---

20 *Vid.* DEALROOM, «Startups Due Diligence: Guide for Founders + Checklist», en *Dealroom*, 2024.

21 *Vid.* BURGUERA ABOGADOS, «Lista de comprobación del "due diligence" para startups y emprendedores», en *Burguera Abogados*, 28 de junio de 2014.

22 *Vid.* LEGALNODES, «The 7 Most Common Legal Mistakes Startups Make During the Investor Due Diligence», en *LegalNodes*, 2023.

(buscando cláusulas de permanencia o penalizaciones), y con clientes (analizando la solidez de los ingresos).

Paralelamente, la *due diligence* financiera se centra en la veracidad y sostenibilidad de las cifras presentadas por la *start-up*. Los inversores revisarán los estados financieros históricos (si existen), las proyecciones futuras, la estructura de costes, el modelo de ingresos y la gestión de la tesorería (*cash burn rate*). El objetivo es validar las métricas clave y entender la eficiencia del capital empleado. Una de las principales «red flags» o señales de alerta en esta área es la inconsistencia entre las cifras contables y las proyecciones presentadas, o la existencia de deudas ocultas y contingencias fiscales no declaradas[23]. El análisis no se limita a los números, sino que también evalúa la calidad de los sistemas de control financiero interno y la capacidad del equipo gestor para manejar los recursos de manera eficiente. La dependencia excesiva de un número reducido de clientes, por ejemplo, aunque no es un problema estrictamente financiero, se considera una señal de riesgo financiero y operativo de primer orden[24]. La preparación para esta fase implica tener una contabilidad impecable y ser capaz de justificar cada línea de las proyecciones con supuestos realistas y defendibles.

La *due diligence* operativa y de mercado, por su parte, busca comprender la viabilidad intrínseca del negocio y su encaje en el entorno competitivo. En esta vertiente, los inversores analizarán la tecnología o producto (su escalabilidad, robustez, y posibles vulnerabilidades), el equipo humano (su experiencia, cohesión y la existencia de perfiles clave), y el mercado objetivo (tamaño, crecimiento, barreras de entrada). Una señal de alerta crítica es la alta rotación de empleados clave, que puede indicar problemas de cultura interna o de liderazgo[25]. El análisis de la

---

23 *Vid.* M&A LEADERSHIP COUNCIL, «32 Due Diligence Red Flags», en *M&A Leadership Council*, 2024.

24 *Vid.* M&A LEADERSHIP COUNCIL, «32 Due Diligence Red Flags», en *M&A Leadership Council*, 2024.

25 *Vid.* M&A LEADERSHIP COUNCIL, «32 Due Diligence Red Flags», en *M&A Leadership Council*, 2024.

Propiedad Intelectual (PI), a menudo a caballo entre la *due diligence* legal y la operativa, es especialmente riguroso en *start-ups* tecnológicas. No solo se verifica el registro de marcas y patentes, sino que se analiza la «libertad de operación» (*freedom to operate*), es decir, el riesgo de que la tecnología de la *start-up* esté infringiendo derechos de PI de terceros. Un litigio latente en materia de PI puede ser un factor disuasorio definitivo para cualquier inversor. Por último, los inversores también evaluarán la estrategia de *go-to-market*, la eficiencia de los canales de adquisición de clientes y la solidez de la ventaja competitiva.

El proceso de *due diligence* es, en esencia, un ejercicio de mitigación de riesgos y de validación de la tesis de inversión. Para los fundadores, aunque pueda resultar un proceso intrusivo y demandante, debe ser visto como una oportunidad para identificar y subsanar debilidades internas y para construir una relación de transparencia con sus futuros socios[26]. La preparación proactiva, manteniendo una *data room* virtual ordenada y actualizada con toda la documentación relevante, no solo acelera el proceso, sino que transmite una imagen de profesionalidad y control que puede ser determinante. Ignorar la preparación de una *due diligence* legal y financiera robusta, incluso desde las fases más tempranas, es uno de los errores más costosos que puede cometer una *start-up*, ya que puede llevar a la pérdida de oportunidades de financiación cruciales para su supervivencia y crecimiento[27]. Por ende, la debida diligencia no debe ser percibida como un mero trámite, sino como una fase estratégica que cimienta las bases de una inversión exitosa y una colaboración a largo plazo.

Modelos de negocio

El modelo Freemium (gratis) combina la versión gratuita de un producto o servicio con una versión premium

---

26 *Vid.* DEALROOM, «Startups Due Diligence: Guide for Founders + Checklist», en *Dealroom*, 2024.

27 *Vid.* STARTUPEABLE, *Due Diligence Legal: Guía de Preparación para Startups*, 2021.

de pago que ofrece funcionalidades adicionales, entre algunos ejemplos, la plataforma Spotify permite escuchar música gratis con anuncios, pero ofrece Spotify Premium con beneficios como la eliminación de anuncios y la descarga de canciones.

Las **ventajas** que ofrece este modelo es que permite atraer una gran base de usuarios rápidamente y las **desventajas,** que sólo un pequeño porcentaje de usuarios se convierte realmente en clientes de pago.

La suscripción se basa en el pago de los usuarios de una tarifa recurrente (mensual o anual) para acceder a un producto o servicio. En este caso el ejemplo más significativo es la plataforma Netflix, que cobra una suscripción mensual por acceso ilimitado a su catálogo de películas y series.

Las **ventajas** son la generación de ingresos predecibles y arraigar la lealtad del cliente, por otro lado, las **desventajas** son la alta competencia y la necesidad de ofrecer valor constante para retener usuarios.

El modelo **marketplace o P2P (punto a punto) fomenta la conexión entre compradores y vendedores en una plataforma digital, cobrando una comisión por cada transacción.** Los «Airbnb» conectan a anfitriones con viajeros y éstos cobran un porcentaje por cada reserva.

Este modelo tiene como **ventajas** el no requerir inventario propio y la posibilidad escalar rápidamente. Las **desventajas** suponen el propio funcionamiento del mercado, es decir, la oferta y demanda dentro de la plataforma.

En el caso de la **publicidad, ésta ofrece contenido gratuito a los usuarios mientras se generan ingresos a través de los anuncios pagados por las empresas.** Google y Facebook ofrecen servicios gratuitos, pero generan ingresos millonarios a través de la publicidad segmentada.

En cuanto a sus **ventajas,** atraen a una gran audiencia sin barreras de pago, y las desventajas son la necesidad de una gran base de usuarios y un algoritmo eficiente para monetizar adecuadamente.

El modelo *Software* **as a Service (SaaS) consiste en ofrecer** *software* **en la nube mediante suscripciones o pagos por uso.** Ejemplos como Slack y Dropbox ofrecen herramientas empresariales en la nube mediante planes mensuales.

Por lo que respecta a las **ventajas** generan ingresos recurrentes y reducen costes de infraestructura para los clientes, en cuanto a sus **desventajas** requieren de actualizaciones constantes y soporte técnico eficiente.

En suma, **cada modelo de negocio tiene sus ventajas y desafíos, por lo que es crucial elegir el adecuado según el tipo de start-up y su mercado objetivo.** Muchas startups combinan varios modelos para diversificar sus ingresos y así poder mejorar su rentabilidad.

3

ETAPAS DE INVERSIÓN Y ESTRUCTURACIÓN JURÍDICA

3.1. Fase *pre-seed*: pre-semilla

La fase *pre-seed* es la fase más temprana en el ciclo de la vida de una *start-up* donde todavía, se está gestando la conceptualización previamente a obtener la deseada validación del negocio, antes de buscar inversores grandes.

En esta etapa, no hay ingresos significativos por lo que la empresa, se desarrolla en la definición de la idea, compaginando un análisis del mercado que les permita determinar el tipo de clientes, sus necesidades y la competencia existente.

La fase pre-semilla es de suma importancia ya que, el equipo que compone la *start-up* se identifica aquí, y se asignan los roles dentro de la empresa, en atención a las habilidades necesarias para ellos.

La búsqueda de inversión inicial y el desarrollo de un producto mínimo viable (MVP) son los cimientos necesarios para poder continuar formándose en las siguientes fases.

Las fuentes de financiación que suelen encontrarse en esta etapa son el *bootstrapping* **o auto-financiación,**

que son los propios ahorros personales de los fundadores o los ingresos derivados de otros proyectos. En esta primerísima fase de la empresa es crucial identificar las ventajas competitivas posibles realizando un análisis de los competidores más arduos del mercado.

Los riesgos a los que se enfrenta la *start-up* aquí es la no posible validación de la idea por la falta de financiamiento, la incertidumbre de que exista una demanda real para el producto o servicio, que la ocupación de los fundadores no tenga un sólo rol por no tener un equipo formado, que obligue a los fundadores a realizar tareas sin experiencia previa y, por último, que la evolución de la idea pueda presentar cambios drásticos tras las primeras validaciones.

Finalmente, para avanzar a la fase seed o capital semilla, debe haber una ratificación final que persigue la escalabilidad de un producto o servicio, un modelo de negocio fijado y haber despertado cierto interés en inversores o haber generado sus primeros ingresos.

3.2. Fase inicial: capital semilla

La fase inicial de una *start-up*, conocida como capital semilla, es el punto de partida donde la idea o concepto comienza a desarrollarse y validarse. En esta etapa, los fundadores trabajan en crear un producto mínimo viable para presentarlo al mercado y obtener retroalimentación, ajustándolo a las necesidades de los clientes potenciales. El acceso al financiamiento es limitado y los riesgos son elevados, por lo que suelen recurrir a fuentes propias o al apoyo de familiares y amigos. Para avanzar, buscan inversores ángeles que ofrezcan capital, experiencia y contactos a cambio de una participación en la empresa.

El objetivo principal en esta fase es demostrar la viabilidad técnica y comercial del proyecto, desarrollando prototipos y validando el modelo de negocio. La metodología *Lean start-up* es clave, permitiendo ciclos rápidos de creación, medición y adaptación según la respuesta del mercado. Además, es fundamental establecer una estructura societaria adecuada y proteger la propiedad intelectual mediante el registro de patentes y marcas.

Los emprendedores deben preparar un plan de negocio sólido y negociar términos de inversión favorables, sin ceder control prematuramente. La fase de capital semilla es crucial para validar la propuesta de valor, atraer inversores estratégicos y sentar las bases para el futuro crecimiento de la empresa.

Caso práctico | De la idea al primer Inversor. Desafíos legales en fase semilla

El alumbramiento de una *start-up*, desde la chispa inicial de una idea disruptiva hasta la captación del primer capital externo que permita su despegue, constituye una odisea jalonada por una serie de decisiones jurídicas fundacionales cuya trascendencia a menudo es subestimada en el fervor emprendedor. Consideremos el caso de «*InnovaTech Solutions*», una *start-up* concebida por tres jóvenes ingenieros —Ana, Bruno y Carla— con la ambición de desarrollar un *software* basado en inteligencia artificial para optimizar la logística de última milla. Su primera encrucijada legal radica en la **constitución de la sociedad**.

Tras sopesar las alternativas, y atendiendo a la recomendación de que la Sociedad de Responsabilidad Limitada (S.L.) es idónea para proyectos con capital inicial limitado y una clara vocación de crecimiento modular[28], deciden optar por esta forma jurídica. Esta elección no es baladí, pues la S.L. les ofrece una limitación de su responsabilidad personal frente a las deudas sociales al capital aportado, un factor de tranquilidad no menor en una aventura empresarial caracterizada por una elevada incertidumbre. Sin embargo, la mera elección de la forma no agota la complejidad; la redacción de los **estatutos sociales** debe ser meticulosa, definiendo con claridad el objeto social, el régimen de transmisión de participaciones (incluyendo

---

28 *Vid.* FORCAM ABOGADOS, «10 consejos legales y fiscales para crear startups en España», *Forcam Abogados Blog, 2024.*

posibles derechos de adquisición preferente entre socios) y la estructura del órgano de administración.

De forma paralela, y quizás aún más crucial en esta etapa, se encuentra la elaboración de un **pacto de socios inicial**. Este contrato privado, que complementa y en ocasiones matiza lo dispuesto en los estatutos, es el verdadero manual de convivencia y gestión interna. Para *InnovaTech*, este pacto debería regular, como mínimo, las aportaciones de cada socio (no solo dinerarias, sino también de trabajo o conocimiento, cuya valoración puede ser conflictiva), los porcentajes de participación, los compromisos de dedicación, las mayorías reforzadas para decisiones críticas, las cláusulas de no competencia y no captación de personal, y, fundamentalmente, mecanismos ágiles y predefinidos para la resolución de eventuales conflictos o deadlocks entre ellos[29], aspectos que Algoritmo Legal considera imprescindibles para la estabilidad temprana. La omisión de un pacto de socios robusto, o su redacción deficiente, es una de las «meteduras de pata legales más frecuentes»[30] que, como una bomba de relojería, puede estallar ante la primera desavenencia seria o, más comúnmente, al intentar incorporar a un inversor externo que exija claridad y seguridad jurídica.

Con la sociedad formalmente constituida, el siguiente frente crítico para Ana, Bruno y Carla es la **protección de la Propiedad Intelectual (PI)** generada. El núcleo de *InnovaTech Solutions* reside en un algoritmo propietario desarrollado por Bruno y una interfaz de usuario intuitiva diseñada por Carla. La falta de una estrategia clara para la protección de estos activos intangibles sería catastrófica.

En primer lugar, deben asegurar que la titularidad de estos desarrollos, aunque creados por ellos individualmente antes o durante la constitución, se transfiera formalmente a *InnovaTech Solutions* S.L. mediante los corres-

---

29   *Vid.* ALGORITMO LEGAL, «Emprendimiento y empresa digital», *Algoritmo Legal Blog*, 2022.

30   *Vid.* EMPRENDEDORES, «Estas son las meteduras de pata legales más frecuentes de las startups», *Revista Emprendedores*, 2018.

pondientes contratos de cesión de derechos. Además, la marca «*InnovaTech Solutions*» y su logotipo deben ser registrados ante la Oficina Española de Patentes y Marcas (OEPM) para asegurar su uso exclusivo y evitar que terceros puedan aprovecharse de su reputación futura[31].

Aunque el algoritmo en sí mismo, como *software*, encuentra protección a través de los derechos de autor desde su creación, podrían explorar si ciertos aspectos funcionales o métodos implementados son susceptibles de patente, aunque esto es más complejo en el ámbito del *software* puro. La realidad es que, como señala Garrigues, apenas un 10 % de las *start-ups* españolas adoptan medidas proactivas para proteger su innovación mediante instrumentos de PI[32], lo que constituye una vulnerabilidad que los inversores experimentados detectan con facilidad.

Para un inversor, la PI no es solo un activo, sino una barrera de entrada para competidores y una prueba de la singularidad y defendibilidad del modelo de negocio. El coste del registro, aunque percibido como una carga en momentos de escasez, es una inversión estratégica que previene la copia, la pérdida de ventaja competitiva y, en última instancia, la destrucción de valor[33].

Habiendo avanzado en la consolidación de su producto mínimo viable (MVP) y comenzando a generar cierto interés en el mercado, *InnovaTech* decide buscar su primera ronda de financiación externa, dirigiéndose a la figura del Business Angel. «*Ángeles Inversores Alfa*», un pequeño grupo de inversores privados con experiencia en el sector tecnológico muestra interés.

La negociación se centra en una **nota convertible**, un instrumento híbrido de deuda y capital especialmente útil en esta fase semilla donde fijar una valoración precisa de

---

31 *Vid.* CERTUS LEGAL FIRM, «La propiedad intelectual en startups», *Certus Legal Firm Blog,* 2023.

32 *Vid.* GARRIGUES, «Atención a la propiedad intelectual antes de invertir en una "startup" tecnológica», *Garrigues Novedades,* 2018.

33 *Vid.* CERTUS LEGAL FIRM, «La propiedad intelectual en startups», *Certus Legal Firm Blog*, 2023.

la *start-up* es prematuro y especulativo. El acuerdo propuesto por *Ángeles Inversores Alfa* es de 100.000 €, con un tipo de interés anual del 6 %, un **descuento** del 25 % sobre el precio por participación de la siguiente ronda cualificada (definida como una ronda de al menos 500.000 €), y un umbral de **valoración** (valuation cap) de 2 millones de euros[34]. La negociación de estos términos es un arte.

Ana, Bruno y Carla, asesorados, argumentan para reducir el descuento al 20 % y elevar el cap a 2.5 millones, entendiendo que un cap demasiado bajo podría diluirles excesivamente si la siguiente ronda es muy exitosa. Se discuten también las condiciones de conversión automática, los eventos de liquidez que podrían activar la conversión o el repago, y los derechos de información mínimos para el inversor. La correcta definición de «ronda cualificada» es también un punto de fricción, ya que determina cuándo se materializa la conversión y, por tanto, la entrada efectiva del inversor como socio.

Finalmente, antes de desembolsar los fondos, *Ángeles Inversores Alfa* inicia un proceso de ***due diligence***. Aunque más ágil que en rondas posteriores, esta revisión es fundamental. Solicitan acceso a los estatutos, el pacto de socios, los contratos de cesión de PI, las cuentas (aunque incipientes), y mantienen entrevistas detalladas con el equipo fundador para evaluar su cohesión y visión. Durante este proceso, surgen algunos **problemas comunes**: se descubre que el contrato de cesión de PI del algoritmo de Bruno a la sociedad no estaba correctamente formalizado, existiendo solo un acuerdo verbal.

Además, el pacto de socios inicial era demasiado genérico y no contemplaba cláusulas específicas sobre la gestión de la PI desarrollada conjuntamente post-constitución. La falta de un plan de negocio detallado y proyecciones financieras realistas, aunque comunes en esta

---

34   *Vid.* AGM ABOGADOS, «Financiación de start ups: Las notas convertibles», *AGM Abogados Blog*, 2021.

etapa, también son señalados como áreas de mejora[35]. *La diligencia del inversor también se extiende a verificar que no existan litigios pendientes o contingencias fiscales relevantes, como deudas con la Seguridad Social o Hacienda.*

La capacidad de *InnovaTech* para subsanar rápidamente estas deficiencias, demostrando transparencia y capacidad de gestión, será clave para cerrar la inversión. Un inversor experimentado sabe que la perfección es rara en fase semilla, pero busca un equipo capaz de identificar y corregir sus errores, y una estructura legal y operativa que, aunque básica, sea sólida y escalable. La preparación de una data room virtual con al menos 20-30 documentos esenciales, incluso en esta fase temprana, facilita enormemente el proceso y proyecta una imagen de profesionalidad y seriedad.

3.3. Fase de crecimiento: series A, B, C

Tras superar la fase inicial de capital semilla y etapa inicial, entran en la fase de crecimiento, caracterizada por rondas de financiación como Series A, B y C.

En la Serie A, la empresa busca capital para optimizar su producto, mejorar su propuesta de valor y desarrollar estrategias de marketing más agresivas. Los inversores, principalmente fondos de capital riesgo, no solo aportan financiamiento, sino también experiencia y contactos clave.

En la Serie B, la *start-up* ya ha demostrado su viabilidad en el mercado y busca escalar operaciones, ampliar el equipo y explorar nuevos mercados. Los fondos obtenidos en esta etapa se destinan a acelerar el crecimiento y superar a la competencia.

La Serie C, dirigida a empresas más consolidadas, permite expandirse a nivel internacional, adquirir otras compañías o desarrollar nuevos productos. En esta fase, los

---

35   *Vid.* HACKTUVIDA, «Due Diligence: cómo evitar problemas legales», *HacktuVida Startups*, 2023.

inversores incluyen fondos de capital privado, bancos de inversión y corporaciones multinacionales, aportando capital sustancial para generar retornos significativos. Durante estas rondas, los aspectos jurídicos y económicos se vuelven más complejos, siendo esencial estructurar la empresa y proteger los intereses de los inversores y fundadores. La gestión eficiente de recursos, la adaptación rápida y el cumplimiento normativo son cruciales para asegurar el éxito a largo plazo y prepararla para una posible oferta pública inicial o adquisición.

3.4. Estructuración económica en cada etapa

Su estructuración económica evoluciona significativamente a lo largo de sus distintas etapas de desarrollo, adaptándose a las necesidades financieras y estratégicas que surgen en cada fase. En la etapa inicial de capital semilla, la financiación proviene principalmente de los propios fundadores, familiares y amigos, así como de inversores ángeles que aportan pequeñas sumas de capital a cambio de una participación accionarial. En esta fase, la valoración de la empresa es baja y las negociaciones se centran en establecer una estructura de propiedad que refleje las contribuciones iniciales y su potencial futuro. Es común que se utilicen instrumentos financieros simples, como notas convertibles o acuerdos de inversión simples, que permiten posponer la valoración precisa de la empresa hasta rondas posteriores.

Al avanzar hacia las fases de crecimiento, con las rondas de financiación Serie A, B y C, la estructuración económica se vuelve más compleja. Los inversores institucionales, como fondos de capital riesgo, entran en escena aportando capital significativo. Aquí, la valoración de la empresa se basa en métricas más concretas, como ingresos, crecimiento de usuarios y proyecciones financieras. Los acuerdos de inversión incluyen términos detallados que protegen los intereses de los nuevos inversores, como preferencias de liquidación, derechos antidilución y participación en decisiones estratégicas. La dilución de la participación de los fundadores es inevitable, pero puede ser gestionada mediante estructuras que incentiven su compromiso continuo, como planes de *stock options* o *vesting* de acciones.

Serie	Objetivo	Inversores	Uso del capital
Serie A	Optimizar producto y estrategia de marketing	Fondos de capital riesgo	Mejorar propuesta de valor y expandir marketing
Serie B	Escalar operaciones y expandir mercados	Fondos de capital riesgo	Ampliar equipo, explorar nuevos mercados
Serie C	Expansión internacional, adquisiciones	Capital privado, bancos	Expandir a nivel global, adquirir empresas

Fuente: elaboración propia.

En cada etapa, es crucial equilibrar las necesidades de financiamiento con la preservación de la motivación y el control por parte del equipo fundador. La entrada de nuevos inversores implica no solo una inyección de capital, sino también la incorporación de nuevas dinámicas en la gobernanza de la empresa. La estructuración económica debe reflejar una alineación de intereses a largo plazo entre todos los accionistas, facilitando el crecimiento sostenido de la *start-up*. Además, es importante considerar las implicaciones fiscales y legales de las distintas formas de financiación y estructuras de capital. Aspectos como la valoración pre y *post-money*, las cláusulas de arrastre y acompañamiento, y los derechos de suscripción preferente deben ser cuidadosamente negociados y documentados. Contar con asesoramiento legal y financiero especializado es esencial para asegurar que la estructuración económica en cada etapa favorezca el desarrollo óptimo de la *start-up* y proteja los intereses de todos los involucrados.

3.5. Instrumentos financieros utilizados

En el proceso de financiación de *start-ups*, se utilizan diversos instrumentos financieros adaptados a las necesidades y características de cada etapa de desarrollo. Estos mecanismos permiten estructurar las inversiones de forma que alineen los intereses de inversores y emprendedores, facilitando el crecimiento y minimizando riesgos. En las fases iniciales, como el capital semilla, es común emplear préstamos convertibles o notas convertibles. Estos acuerdos de deuda otorgan al inversor el derecho a convertir el préstamo en acciones de la empresa en una ronda de financiación futura, generalmente con un descuento. Este enfoque permite posponer la valoración de la *start-up* hasta que exista mayor claridad sobre su desempeño y potencial de mercado, reduciendo complejidad en las negociaciones.

Otro instrumento popular en las etapas tempranas es el SAFE *(Simple Agreement for Future Equity)*, que permite a los inversores obtener acciones en el futuro sin fijar actualmente los términos de valoración, simplificando el proceso legal y ofreciendo flexibilidad. A medida que crece y busca financiamiento para escalar, se recurren a ampliaciones de capital mediante la emisión de nuevas acciones. En rondas de financiación como Serie A, B o C, es común la emisión de acciones preferentes, que otorgan privilegios a los inversores, como preferencias en liquidación, derechos de veto o dividendos preferentes, protegiendo su inversión y garantizando un retorno adecuado.

Los préstamos participativos también son relevantes, especialmente en jurisdicciones como España. Combinan características de deuda y capital, con un rendimiento vinculado a los resultados de la empresa. Además, algunos acuerdos de inversión incluyen opciones de compra o warrants, que permiten al inversor adquirir más acciones si se cumplen ciertos hitos.

Los **planes de Stock Options o planes de incentivos** son un incentivo financiero que permite a empleados, directivos o colaboradores de una empresa comprar acciones a un precio determinado en el futuro, generalmente con condiciones favorables. Este sistema es muy común en star-ups y empresas tecnológicas, ya que ayuda a **atraer y retener talento clave** sin necesidad de ofrecer grandes salarios en la fase inicial.

El funcionamiento del plan sería el siguiente:

1. **La empresa otorga opciones sobre acciones** a los empleados con un precio de compra fijado.

2. **El beneficiario no puede venderlas inmediatamente,** sino que debe esperar un período específico para adquirirlas *(vesting period)*.

3. **Cuando se cumple el vesting, el empleado puede ejercer sus opciones,** comprando acciones a un precio más bajo que el de mercado.

4. **Si el valor de la empresa ha aumentado,** el beneficiario puede vender las acciones y obtener una ganancia.

Los planes de incentivos permiten una constante motivación de los empleados, no afecta al flujo de la caja de la empresa, el beneficio potencial de la empresa rinde si la empresa crece.

Por último, el *crowdfunding* ha emergido como una opción, permitiendo obtener financiamiento de muchos pequeños inversores a través de plataformas en línea, validando el producto y creando una base de clientes tempranos, de entre los tipos de *crowdfunding* podemos señalar:

El *crowdfunding* **inmobiliario,** éste es un modelo de inversión colectiva donde varias personas aportan capital para financiar proyectos del sector inmobiliario, como la compra, construcción o remodelación de propiedades.

A diferencia de los métodos tradicionales de inversión inmobiliaria, en los que se necesita un capital elevado para comprar un inmueble, el *crowdfunding* permite a los inversionistas **participar con montos más bajos** y obtener rentabilidad sin necesidad de gestionar directamente la propiedad.

Los **riesgos** a tener en cuenta en este modelo de financiación son: los **riesgos de mercado,** ya que, la caída de los inmuebles puede afectar a su rentabilidad; la **recuperación de la inversión** que depende del éxito del proyecto; el **fraude** o la **mala gestión.**

Entre la panoplia de herramientas financieras diseñadas para alinear los intereses de los empleados con los de la compañía, los *Stock Option Plans* (ESOPs) se han consolidado como un mecanismo de retribución flexible de especial relevancia en el ecosistema de las *start-ups*. Su principal función es atraer y retener talento clave en fases tempranas, donde la capacidad para ofrecer salarios competitivos con los de grandes corporaciones es limitada[36]. Estos planes otorgan al empleado el derecho, pero no la obligación, de adquirir un número determinado de participaciones de la empresa a un precio prefijado (*strike price*), generalmente muy inferior a su valor de mercado futuro. La entrega de estas opciones suele estar sujeta a un periodo de consolidación o *vesting*, que actúa como un mecanismo de fidelización. La estructura de *vesting* más habitual en el mercado español y europeo es de cuatro años, con un periodo de carencia inicial o *cliff* de un año[37]. Esto significa que el empleado no adquiere ningún derecho sobre las opciones hasta que cumple su primer año en la compañía, momento en el cual se consolida el derecho sobre el 25 % de las opciones. A partir de ese momento, el 75 % restante se va consolidando de forma prorrateada, típicamente de manera mensual o trimestral, durante los tres años siguientes. Esta estructura garantiza que el empleado deba permanecer en la empresa un tiempo mínimo significativo para beneficiarse plenamente del plan, incentivando así su compromiso a largo plazo.

El tratamiento fiscal de los ESOPs en España ha sido objeto de una evolución legislativa significativa, especial-

---

36 *Vid.* ILP ABOGADOS, «Planes de Opciones sobre Acciones para Startups», en *ILP Abogados*, 2 de noviembre de 2023.

37 *Vid.* ILP ABOGADOS, «Planes de Opciones sobre Acciones para Startups», en *ILP Abogados*, 2 de noviembre de 2023.

mente con la promulgación de la «Ley de Startups» de 2022, que ha buscado hacerlos más atractivos. Anteriormente, la exención fiscal para las ganancias obtenidas en el momento de ejercer las opciones (la diferencia entre el valor de mercado de las participaciones en ese momento y el *strike price*) estaba limitada a 12.000 euros anuales. La nueva normativa ha elevado este umbral de exención de forma considerable hasta los 50.000 euros anuales para empleados de *start-ups* que cumplan ciertos requisitos[38]. Este incremento supone un aliciente fiscal muy potente. Además, la ley ha introducido una regla de diferimiento de la tributación: el empleado no tiene que tributar por la ganancia obtenida al ejercer las opciones hasta que se produzca un evento de liquidez (como la venta de las acciones o la salida a bolsa de la compañía) o, en su defecto, hasta que transcurran diez años desde la concesión de las opciones[39]. Esta medida alivia un problema histórico, que era la necesidad del empleado de afrontar una carga fiscal significativa sin haber obtenido todavía liquidez real por sus participaciones. A pesar de estas mejoras, la ganancia que excede de los 50.000 euros anuales se considera rendimiento del trabajo en especie y tributa en la base general del IRPF a tipos progresivos, mientras que la plusvalía generada en la posterior venta de las acciones tributa en la base del ahorro, a tipos más reducidos[40]. Por ejemplo, si un empleado ejerce opciones sobre 7.000 acciones con un valor de mercado de 7 € y un *strike price* de 5 €, la ganancia de 14.000 € (2 € x 7.000) se declararía como rendimiento del trabajo en especie, pero quedaría exenta si no supera el límite anual[41].

---

38 *Vid.* GLOBAL SHARES, «Planes de opciones sobre acciones de España: normativa y beneficios», en *Global Shares*, 31 de julio de 2022.

39 *Vid.* CAPBOARD, «Stock Options en España bajo la Ley de Startups», en *Capboard*, (s.f.).

40 *Vid.* METRICSON, «¿Cómo tributan las stock options en el IRPF?», en *Metricson*, 2023.

41 *Vid.* TAXSCOUTS, «¿Qué son las stock options y cómo afectan a tu renta?», en *TaxScouts*, 2024.

Por otro lado, en las rondas de financiación más tempranas (*pre-seed* o *seed*), donde la incertidumbre sobre la valoración es máxima, la elección del instrumento de inversión es crítica. Tradicionalmente, la nota convertible ha sido el vehículo predominante. Sin embargo, en los últimos años ha ganado una enorme popularidad el *Simple Agreement for Future Equity* (SAFE), un instrumento creado por la aceleradora estadounidense Y Combinator. La principal diferencia estructural entre ambos radica en que la nota convertible es un instrumento de deuda, lo que implica que genera intereses y tiene una fecha de vencimiento, momento en el cual el inversor puede exigir el repago del principal más los intereses si no se ha producido una ronda de financiación que active la conversión[42]. Esta característica puede generar una presión financiera significativa sobre la *start-up*. El SAFE, en cambio, no es deuda; es un simple acuerdo que otorga al inversor el derecho a recibir acciones en una futura ronda de financiación, pero sin generar intereses ni tener fecha de vencimiento[43]. Esta simplicidad no solo reduce la complejidad legal y los costes asociados a su formalización, sino que también elimina el riesgo de que la *start-up* se vea abocada a una situación de insolvencia si no logra levantar la siguiente ronda antes del vencimiento de la nota. Desde la perspectiva del inversor, la nota convertible puede ofrecer una mayor protección al tener la naturaleza de un crédito, pero el SAFE es más ágil y alinea mejor los intereses a largo plazo, ya que el único retorno posible es a través de la conversión en capital. La elección entre uno u otro dependerá, en última instancia, de la capacidad de negociación de las partes y de las particularidades del ecosistema inversor en el que se opere, siendo el SAFE una opción cada vez más extendida por su eficiencia y su enfoque pro-fundador[44].

---

42 *Vid.* CAPBOARD, «¿Qué es un SAFE? Diferencias con notas convertibles», en *Capboard*, (s.f.).

43 *Vid.* QUADERNO, «Comparación y Diferencia entre Notas SAFE vs. Notas Convertibles», en *Quaderno*, 2024.

44 *Vid.* ILP ABOGADOS, «SAFE: Qué es, tipos, cláusulas y diferencias con la Nota Convertible», en *ILP Abogados*, 2024.

4

ACUERDOS SOCIALES Y PROTECCIÓN DEL INVERSOR

4.1. Pactos de socios y acuerdos de inversión

Los pactos de socios y los acuerdos de inversión son instrumentos legales clave, ya que regulan las relaciones entre fundadores, inversores y accionistas, estableciendo normas esenciales para el funcionamiento de la empresa y protegiendo los intereses de todas las partes. Estos documentos complementan los estatutos sociales y permiten acordar condiciones específicas que no siempre figuran en los documentos constitutivos de la sociedad.

El pacto de socios es un contrato privado que establece derechos y obligaciones adicionales a las contempladas por la ley. Entre sus cláusulas más habituales se incluyen las relativas a la transmisión de participaciones, como los derechos de preferencia, tanteo y retracto, que permiten a los socios actuales adquirir las participaciones de un socio que desea vender antes de que lleguen a terceros. También son comunes las cláusulas de arrastre *(drag-along)* y acompañamiento *(tag-along)*, que regulan cómo los socios minoritarios pueden ser obligados a vender sus participaciones o pueden vender junto con los socios mayoritarios.

Por su parte, los acuerdos de inversión establecen los términos bajo los cuales un inversor aporta capital a la *start-up*, detallando el monto de la inversión, la valoración de la empresa y las participaciones adquiridas. Incluyen cláusulas de preferencia de liquidación, que garantizan al inversor recuperar su inversión antes que otros accionistas en caso de venta o liquidación, y cláusulas antidilución, que protegen frente a futuras emisiones de acciones a un precio inferior a la inicial.

Ambos documentos son esenciales para alinear los intereses de fundadores e inversores, garantizar la estabilidad accionarial y ofrecer seguridad jurídica. Una redacción adecuada y un asesoramiento legal especializado son cruciales para prevenir conflictos futuros, adaptarse a las particularidades del proyecto y fomentar el crecimiento sostenible de la empresa. Estos instrumentos son fundamentales para gestionar eficazmente el crecimiento de la *start-up* y consolidar la confianza entre las partes involucradas.

4.2. Derechos y obligaciones de los accionistas

Los accionistas desempeñan un papel clave en su desarrollo y éxito, y su relación se basa en una serie de derechos y obligaciones destinados a equilibrar los intereses de todos los involucrados. Estos derechos y deberes se establecen en la legislación mercantil, los estatutos sociales y en los pactos de socios y acuerdos de inversión. Entre los derechos más importantes se encuentra el de participar en decisiones estratégicas mediante el voto en las juntas generales, lo que les permite influir en aspectos clave como la aprobación de cuentas, modificaciones estatutarias y cambios en el capital social. Además, los accionistas tienen derecho a recibir información sobre el estado de la empresa, incluyendo los estados financieros y los informes de gestión, lo que les permite evaluar la situación del negocio.

Otro derecho relevante es el de percibir dividendos, si la empresa genera beneficios y la junta así lo acuerda, aunque es común que los beneficios se reinviertan en el crecimiento. También tienen derecho de suscripción preferente en caso de ampliaciones de capital, protegiendo su participación accionarial ante posibles diluciones.

En cuanto a las obligaciones, los accionistas deben cumplir con sus aportaciones de capital, respetar las decisiones de los órganos de gobierno y actuar de buena fe. Asimismo, deben cumplir con las cláusulas de confidencialidad y no competencia, protegiendo la información sensible. En *start-ups* es habitual que existan obligaciones adicionales como la dedicación exclusiva de los socios fundadores o la permanencia *(vesting)*, asegurando el compromiso con los objetivos a largo plazo. Además, los accionistas pueden ser responsables frente a terceros si causan daños a la sociedad o si participan en decisiones contrarias a la ley o los estatutos. Por ello, es esencial que ejerzan sus derechos y cumplan sus obligaciones de manera responsable.

4.3. Mecanismos de protección para el socio minoritario

La protección del socio minoritario en una es esencial para garantizar su participación equitativa y evitar abusos por parte de los socios mayoritarios. Al poseer una participación accionarial menor, los minoritarios pueden estar en desventaja en la toma de decisiones y control de la empresa. Para salvaguardar sus derechos, se establecen mecanismos legales que les otorguen garantías dentro de la estructura societaria.

Uno de los mecanismos más efectivos es la inclusión de cláusulas de veto en los pactos de socios o estatutos sociales. Estas cláusulas permiten a los socios minoritarios bloquear decisiones estratégicas, como ampliaciones de capital, fusiones o adquisiciones, asegurando que las decisiones más importantes requieran el consenso de todos los accionistas. Otro mecanismo fundamental es el derecho de información ampliado, que puede acordarse para que el socio minoritario tenga acceso a información adicional sobre la gestión, permitiéndole tomar decisiones informadas.

La cláusula de acompañamiento o *tag-along* es otra herramienta clave que garantiza que, si los socios mayoritarios venden sus acciones, el minoritario pueda vender sus participaciones en las mismas condiciones, protegiéndolo de quedar vinculado a nuevos accionistas sin su consentimiento. Además, la cláusula antidilución protege frente a ampliaciones de capital que podrían diluir su participación, ajustando el número de acciones para mantener su porcentaje de control.

La designación de un representante en el consejo de administración es otra salvaguarda que permite al socio minoritario participar en la toma de decisiones estratégicas y obtener acceso a información clave. También es común establecer restricciones en la transferencia de acciones, como derechos de preferencia, que obligan a los socios vendedores a ofrecer sus participaciones a los accionistas antes de terceros.

Todos estos mecanismos deben estar reflejados en los pactos de socios y estatutos, y contar con asesoramiento legal especializado es crucial para garantizar un gobierno corporativo justo que proteja los intereses de todos los accionistas.

Mecanismo	Descripción	Propósito
Cláusulas de veto	Permite bloquear decisiones estratégicas	Protege intereses de minoritarios
Tag-along	Permite vender junto con mayoritarios	Evita quedar vinculado a nuevos socios sin consentimiento
Antidilución	Protege la participación en nuevas rondas de inversión	Evita la dilución de la participación

Fuente: Elaboración propia.

4.4. Cláusulas clave en los acuerdos (*drag-along*, *tag-along*, antidilución)

Las cláusulas clave en los acuerdos de inversión y pactos de socios desempeñan un papel fundamental en la regulación de las relaciones entre inversores y fundadores. Entre las más relevantes se encuentran las cláusulas de arrastre *(drag-along)*, acompañamiento *(tag-along)* y antidilución, que protegen los intereses de las partes y facilitan una gestión eficiente de la participación accionarial. La cláusula de arrastre permite a los accionistas mayoritarios obligar a los minoritarios a vender sus acciones en caso de una oferta de compra por un tercero, bajo las mismas condiciones y términos. Este mecanismo es esencial para asegurar la viabilidad de operaciones corporativas significativas, como ventas o fusiones, evitando que una minoría bloquee transacciones beneficiosas para la mayoría. Por otro lado, la cláusula de acompañamiento otorga a los accionistas minoritarios el derecho a unirse a una venta de acciones que realicen los mayoritarios, en las mismas condiciones. Esto protege a los minoritarios de quedar vinculados a nuevos accionistas sin su consentimiento y les permite beneficiarse de oportunidades de desinversión en igualdad de condiciones.

La cláusula antidilución es otra herramienta crucial que protege a los inversores frente a la dilución de su participación accionarial en futuras rondas de financiación. Existen dos tipos principales: la antidilución completa y la antidilución de peso promedio. La primera ajusta el precio de conversión de las acciones preferentes al precio de emisión más bajo, mientras que la segunda realiza un ajuste proporcional basado en el precio y número de nuevas acciones emitidas. Estas cláusulas garantizan que los inversores mantengan el valor de su inversión frente a emisiones de acciones a precios inferiores al de su inversión inicial. Es importante destacar que la inclusión de estas cláusulas debe ser objeto de una negociación equilibrada entre las partes, considerando el impacto en la estructura de capital y en las relaciones entre accionistas.

Una redacción clara y precisa de estas cláusulas en los acuerdos legales es esencial para evitar conflictos futuros y asegurar que todos los accionistas comprendan sus derechos y obligaciones. Además, su implementación contribuye a la estabilidad accionarial y a la confianza entre inversores y fundadores, lo que es fundamental para el éxito y crecimiento sostenido de la *start-up* en un entorno competitivo y dinámico.

Caso Práctico | Escalando con capital riesgo. La Ronda Serie A y sus complejidades

Tras el impulso inicial proporcionado por *Ángeles Inversores Alfa* y un año de crecimiento sostenido donde *InnovaTech Solutions* ha validado su modelo de negocio, alcanzado hitos de producto y comenzado a generar ingresos recurrentes, el equipo fundador decide que es el momento de acometer una **Ronda de Financiación Serie A** para escalar operaciones, expandir el equipo comercial y acometer mejoras tecnológicas significativas.

Se dirigen a «*VenturaTech Capital*», un fondo de Venture Capital (VC) especializado en *software* as a service (SaaS). El primer paso formal en la negociación es la recepción y análisis de un **Term Sheet**. Este documento, aunque generalmente no vinculante en su totalidad excepto en cláusulas específicas como la exclusividad de negociación o la confidencialidad[45], es la piedra angular del futuro acuerdo, ya que plasma las intenciones y los términos económicos y de gobernanza principales de la inversión. *VenturaTech Capital* propone una inversión de 2 millones de euros a cambio de participaciones preferentes, con una valoración pre-money de la compañía de 6 millones de euros[46].

El Term Sheet incluye, además, una serie de **cláusulas de protección al inversor** que son estándar en este tipo de operaciones, pero cuya redacción y alcance son objeto

---

45   *Vid.* DELVY, «Negociando un Acuerdo de Inversión: ¿Qué es un Term Sheet?», *Delvy Blog*, 2013.

46   *Vid.* INTELECTIUM, «El term sheet: qué es y por qué es importante para tu startup», *Intelectium Blog*, 2024.

de intensa negociación. Entre ellas, destaca la **preferencia de liquidación** (se propone un 1x no participante, lo que significa que, en caso de venta o liquidación, *VenturaTech* recuperaría primero sus 2 millones de euros antes que el resto de socios, pero no participaría adicionalmente en el reparto del remanente con los socios comunes)[47].

También se incluye una cláusula de **antidilución** del tipo broad-based weighted average, que protegería a *VenturaTech* si *InnovaTech* emitiese nuevas participaciones en el futuro a un precio inferior al de la Serie A, ajustando el precio de conversión de sus acciones preferentes para mitigar parcialmente esta dilución.

La negociación del Term Sheet se extiende durante varias semanas, con los fundadores de *InnovaTech*, ahora más experimentados y mejor asesorados, discutiendo puntos clave. Se debate la naturaleza de la preferencia de liquidación (participante vs. no participante, y el múltiplo), el tipo exacto de cláusula antidilución (frente a una full ratchet, más agresiva para los fundadores), y, de manera muy significativa, los **derechos de veto** que *VenturaTech* solicita sobre una lista de decisiones reservadas.

Estas decisiones incluyen la aprobación del presupuesto anual, la contratación o despido de directivos clave (C-level), la realización de inversiones o desinversiones superiores a un cierto umbral, cualquier modificación sustancial del plan de negocio, la obtención de nueva deuda por encima de un límite, o la aprobación de futuras rondas de financiación[48]. Además, *VenturaTech* exige un **asiento en el consejo de administración**, lo cual es práctica habitual para inversores de Serie A que buscan no solo proteger su inversión, sino también aportar su experiencia y red de contactos al desarrollo estratégico de la compañía. Un modelo de Term Sheet como el que podría ofrecer Won-

---

47 *Vid.* RÖDL & PARTNER, «Mecanismos y cláusulas habituales de protección de los Inversores», *Rödl & Partner Artículos*, 2023.

48 *Vid.* CAPBOARD, «Term Sheet: consejos y guía para fundadores de startups», *Capboard* Blog, 2024.

der.Legal o las plantillas de fondos como KFund[49] servirían de base, pero cada cláusula se adapta a la negociación específica.

Una vez alcanzado un acuerdo sobre el Term Sheet, *VenturaTech* inicia un proceso de **due diligence** mucho más exhaustivo y detallado que el realizado por el Business Angel. Se contratan auditores externos para revisar las cuentas financieras, asesores legales para examinar todos los contratos (clientes, proveedores, empleados), la estructura societaria, la titularidad y protección de la PI (incluyendo la libertad de operación o freedom to operate), y expertos técnicos para validar la robustez y escalabilidad de la plataforma de *software*.

Este proceso puede durar entre uno y tres meses y es altamente demandante para el equipo de *InnovaTech*, que debe preparar una data room completa y responder a múltiples requerimientos de información. Cualquier «esqueleto en el armario» no revelado previamente (litigios, contingencias fiscales, problemas con la PI) puede hacer descarrilar la operación o, como mínimo, llevar a una renegociación de los términos, incluyendo una posible reducción de la valoración.

Superada la **due diligence** satisfactoriamente, se procede a la redacción y firma de los documentos definitivos: el **Acuerdo de Inversión** (que detalla las condiciones de la inversión, las declaraciones y garantías de los fundadores y la sociedad, y los compromisos post-cierre) y la **modificación del pacto de socios existente** para dar entrada a *VenturaTech* y reflejar los nuevos acuerdos de gobernanza. Es aquí donde se formalizan todas las cláusulas negociadas en el Term Sheet. La entrada de un VC como *VenturaTech* inevitablemente introduce **conflictos de gobernanza post-inversión**.

Los fundadores, acostumbrados a una mayor autonomía, deben ahora reportar a un consejo con un miem-

---

49 *Vid.* Wonder.Legal, «Term Sheet para una Ronda de Financiación – Modelo», *Wonder.Legal Modelos*, 2025.

bro externo y someter decisiones clave a la aprobación del nuevo inversor. Las diferencias de criterio sobre la estrategia de crecimiento (priorizar la rentabilidad vs. la expansión agresiva), la gestión del presupuesto, o la necesidad de contratar perfiles más senior pueden generar tensiones[50].

El pacto de socios se convierte en la herramienta clave para gestionar estas dinámicas, buscando un equilibrio entre la protección de los intereses del inversor y la capacidad de los fundadores para dirigir la compañía eficazmente. Cláusulas de permanencia (vesting) para los fundadores, que ya existían de forma básica, se renegocian y se pueden hacer más estrictas, ligándose a la consecución de hitos.

También se definen con mayor precisión las condiciones de good leaver y bad leaver, estableciendo las consecuencias económicas de la salida de un fundador en función de si esta es justificada o no[51], lo cual puede ser un punto de considerable debate si los fundadores perciben que su capacidad de decisión se ve mermada. La habilidad para construir una relación de confianza y alineamiento con el VC, más allá de lo estrictamente contractual, será fundamental para navegar esta nueva etapa de crecimiento acelerado y mayor complejidad corporativa.

4.5. Implicaciones prácticas de las cláusulas de bloqueo (*Deadlock*)

Adentrándonos en la arquitectura de los pactos de socios, más allá de las cláusulas que regulan la entrada y salida de capital, emerge una categoría de estipulaciones de naturaleza preventiva y resolutiva cuya importancia se magnifica en situaciones de parálisis decisoria: las cláu-

---

50 *Vid.* DOZEN INVESTMENTS, «Pacto de socios: qué es y cómo debe afrontarlo un inversor», *Dozen Investments Recursos*, 2017.

51 *Vid.* VENTO, «Las 5 cláusulas clave del pacto de socios para los socios fundadores», *Vento Blog*, 2022.

sulas de bloqueo o *deadlock*. Estas situaciones se producen típicamente en estructuras de capital donde el poder de decisión está distribuido de forma equitativa, como en una sociedad con dos socios al 50 %, o cuando se han otorgado derechos de veto a socios minoritarios sobre materias reservadas, provocando que la falta de consenso en una decisión estratégica impida el funcionamiento normal de la compañía. Un escenario habitual es aquel en el que los fundadores y un inversor institucional poseen un poder de voto equilibrado en el consejo de administración, y surge una divergencia irreconciliable sobre una cuestión fundamental, como la aprobación del presupuesto anual, una operación de fusión o la contratación de un directivo clave. La ausencia de un mecanismo predefinido para superar este impasse puede condenar a la *start-up* a la inacción, la pérdida de oportunidades críticas y, en el peor de los casos, a una disolución forzosa por paralización de los órganos sociales, tal como se contempla en el artículo 363.1.c) de la Ley de Sociedades de Capital[52]. La finalidad teleológica de las cláusulas de *deadlock* es, por tanto, proporcionar una hoja de ruta contractual para resolver estas crisis de gobernanza de una manera ordenada y previsible, evitando la judicialización del conflicto.

La configuración de estos mecanismos de resolución puede adoptar diversas formas, desde las más colaborativas hasta las más drásticas, y su elección dependerá de la cultura de la compañía y la relación de poder entre los socios. Una primera aproximación, de carácter escalonado, suele consistir en un periodo de «enfriamiento» o *cooling-off*, durante el cual los socios en disputa se comprometen a negociar de buena fe una solución, pudiendo incluso elevar la decisión a los más altos ejecutivos de cada parte (por ejemplo, los CEOs de la *start-up* y del fondo de inversión). Si esta vía informal fracasa, el pacto puede prever la intervención obligatoria de un mediador o un experto independiente, cuya opinión puede ser vin-

---

52 Real Decreto Legislativo 1/2010, de 2 de julio, por el que se aprueba el texto refundido de la Ley de Sociedades de Capital. BOE núm. 161, de 3 de julio de 2010.

culante o no, dependiendo de lo pactado. Este experto podría ser un auditor para dirimir disputas financieras o un consultor estratégico para valorar planes de negocio contrapuestos. Si bien estas soluciones colaborativas son preferibles por preservar la relación entre los socios, su eficacia depende de la voluntad real de las partes para ceder en sus posturas iniciales.

Cuando los métodos colaborativos se demuestran ineficaces, el pacto de socios debe contemplar mecanismos de «divorcio» o salida forzosa, que, aunque drásticos, garantizan una solución definitiva. Uno de los más conocidos es la cláusula de «ruleta rusa» o *Russian roulette*. En su modalidad más simple, un socio (A) notifica al otro (B) un precio por participación al que está dispuesto a comprar las participaciones de B o a vender las suyas propias. El socio B tiene entonces la obligación de elegir entre vender sus participaciones a ese precio o comprar las de A al mismo precio por participación. Este mecanismo incentiva al socio A a proponer un precio justo, ya que podría verse forzado a comprar o a vender. Una variante es la cláusula «texana» o *Texas shoot-out*, donde ambos socios presentan simultáneamente una oferta de compra de las participaciones del otro en un sobre cerrado, y aquel que haya ofrecido el precio más alto está obligado a comprar las participaciones del otro a ese precio. Estas cláusulas, aunque efectivas para resolver el bloqueo, presentan el inconveniente de que pueden favorecer al socio con mayor capacidad financiera, que puede permitirse ofrecer un precio más alto sabiendo que la otra parte no podrá igualarlo.

Para mitigar la desventaja del socio con menos recursos, se han desarrollado variantes más sofisticadas, como la cláusula de «subasta holandesa» o *Dutch auction*. En este caso, un socio propone un precio inicial alto para comprar las participaciones del otro. Si el segundo socio no acepta, el primero puede ir reduciendo progresivamente el precio hasta que el segundo acepte vender a ese precio, o hasta que el segundo socio decida comprar las participaciones del primero al último precio ofrecido. Otra alternativa es la venta conjunta a un tercero. Si se produce una situación de bloqueo persistente, el pacto puede estipular que se iniciará un proceso para vender la totalidad de la compañía a un tercero, ya sea mediante un proceso de subasta o la contratación de un banco de inversión. El producto de la venta se repartiría entre los socios conforme a sus participaciones y a las preferencias de liquidación que pudieran existir. La correcta redacción de estas cláusulas es de una complejidad técnica elevada; deben definir con precisión qué se considera una materia susceptible de generar *deadlock*, los plazos para cada etapa del proceso resolutivo y las consecuencias del incumplimiento de los procedimientos pactados. Un pacto de socios que anticipe y regule estas situaciones de parálisis no solo proporciona seguridad jurídica, sino que también actúa como un poderoso desincentivo para que los socios adopten posturas maximalistas, fomentando la búsqueda de consensos para evitar la activación de estos drásticos, pero necesarios, mecanismos de salida.

5

FUNCIONAMIENTO INTERNO DE LA *START-UP*

5.1. Composición y roles del equipo humano

El equipo humano es un pilar fundamental en el éxito, ya que su composición y roles determinan la capacidad de la empresa para ejecutar su visión, adaptarse al mercado y superar los desafíos del crecimiento. Es esencial contar con un equipo multidisciplinario que combine habilidades técnicas, de negocio y de gestión. Los fundadores suelen ser profesionales apasionados con una clara visión del proyecto, pero es crucial complementar sus habilidades incorporando expertos en áreas clave como tecnología, finanzas, marketing y operaciones.

El CEO asume el liderazgo general, estableciendo la estrategia y representando a la *start-up* ante inversores y socios. El CTO es responsable de desarrollar y mantener la tecnología, asegurando que los productos sean competitivos. El CFO gestiona las finanzas, planificando presupuestos y garantizando la sostenibilidad económica. El CMO lidera la promoción y posicionamiento en el mercado, creando estrategias para atraer y retener clientes.

La complementariedad de habilidades es esencial para que el equipo pueda abordar diferentes aspectos del negocio de manera efectiva. Además, una buena comunicación interna y una cultura organizacional sólida fomentan la cohesión y la innovación. Definir roles y responsabilidades de forma clara evita solapamientos y conflictos, facilitando la toma de decisiones y el enfoque en metas comunes.

La capacidad de atraer y retener talento es otro desafío, especialmente en sectores tecnológicos donde la demanda es alta. Ofrecer desarrollo profesional y participación en el éxito de la empresa, como planes de *Stock Options*, puede ser una estrategia efectiva. La relación con inversores también es clave, y requiere un equipo comprometido y transparente. En resumen, un equipo humano sólido, con habilidades complementarias y una visión compartida, es determinante para el éxito y la capacidad de adaptación de una *start-up* en un entorno competitivo.

5.2. Distribución de competencias y gobernanza

La distribución de competencias y la gobernanza son aspectos fundamentales en el funcionamiento eficaz de una *start-up* tecnológica e innovadora. Una asignación clara de responsabilidades y una estructura de gobierno bien definida permiten una toma de decisiones ágil y coherente, esencial en entornos dinámicos y competitivos. Desde el inicio, es crucial establecer quiénes son los responsables de las distintas áreas funcionales, como desarrollo tecnológico, finanzas, marketing, ventas y operaciones. Esta claridad evita duplicidades, conflictos y asegura que cada área esté liderada por personas con las habilidades y conocimientos adecuados. Los fundadores suelen asumir roles clave, pero a medida que la empresa crece, puede ser necesario incorporar talento externo especializado para fortalecer ciertas competencias.

La gobernanza se refiere al conjunto de normas, prácticas y procesos que dirigen y controlan la empresa. En una *start-up*, la gobernanza efectiva equilibra la necesidad de control y supervisión con la flexibilidad y rapidez necesarias para innovar y adaptarse al mercado. El consejo de administración es el órgano principal de gobierno, donde se toman decisiones estratégicas y se supervisa la gestión ejecutiva. Es habitual que los inversores soliciten representación en el consejo para proteger sus intereses y aportar su experiencia. Es importante que el consejo esté compuesto por miembros con diversidad de habilidades y perspectivas, fomentando decisiones equilibradas y bien informadas.

La definición de políticas y procedimientos internos es esencial para establecer estándares de actuación y asegurar el cumplimiento de objetivos. Esto incluye la implementación de sistemas de control financiero, gestión de riesgos y cumplimiento normativo. Una buena gobernanza también implica transparencia y rendición de cuentas, tanto internamente como hacia inversores y otras partes interesadas. La comunicación abierta y regular sobre el desempeño y los desafíos de la empresa fortalece la confianza y el compromiso de todos los involucrados.

La cultura organizacional influye significativamente en la distribución de competencias y la gobernanza. Fomentar una cultura de colaboración, innovación y responsabilidad individual empodera a los miembros del equipo para tomar decisiones informadas y asumir la propiedad de sus áreas de trabajo. Esto puede complementarse con mecanismos de incentivos, como planes de *stock options*, que alinean los intereses del equipo con el éxito a largo plazo de la *start-up*.

Es esencial equilibrar la agilidad y flexibilidad necesarias con la implementación de prácticas sólidas de gobernanza. Esto se logra mediante la adaptación de estructuras tradicionales a las necesidades específicas de la empresa, evitando burocracias innecesarias, pero asegurando una dirección clara y un control adecuado. La revisión periódica de la distribución de competencias y los mecanismos de gobernanza permite ajustarlos según evoluciona la empresa y su entorno, manteniendo su eficacia y relevancia.

5.3. Relación entre investigadores y empresarios/inversores

La relación entre investigadores y empresarios/inversores es clave en el éxito de las *start-ups* tecnológicas e innovadoras. Los investigadores aportan el conocimiento científico y técnico necesario para desarrollar productos o servicios novedosos, mientras que los empresarios e inversores ofrecen experiencia en gestión, estrategias de mercado y financiamiento. Esta colaboración es fundamental para convertir ideas y descubrimientos en soluciones comerciales viables y escalables.

Sin embargo, esta relación puede enfrentarse a desafíos debido a diferencias en perspectivas y objetivos. Los investigadores tienden a enfocarse en el avance del conocimiento y la innovación tecnológica, valorando la rigurosidad científica. Por otro lado, los empresarios e inversores priorizan la rentabilidad, eficiencia y retorno de inversión. Estas diferencias pueden generar tensiones en decisiones clave, como las prioridades de desarrollo o la asignación de recursos, especialmente en los tiempos de comercialización.

Para que la colaboración sea exitosa, es esencial establecer una comunicación abierta y transparente desde el inicio, definiendo claramente roles, responsabilidades y expectativas. Los acuerdos legales, como contratos y pactos de socios, deben contemplar la propiedad intelectual, la distribución de beneficios y mecanismos para la resolución de disputas. La protección de la propiedad intelectual es crucial, asegurando que se gestionen correctamente patentes, derechos de autor y otros activos intangibles, garantizando así el reconocimiento y compensación adecuada para los creadores y protegiendo las innovaciones de la *start-up*.

Además, fomentar una cultura de colaboración y respeto mutuo es vital. Los inversores deben valorar la importancia de la investigación, mientras que los investigadores deben adaptarse a las necesidades del mercado para aumentar las probabilidades de éxito. La integración de equipos multidisciplinarios, o la figura del científico-emprendedor, facilita la comunicación entre ambos mundos, generando un entorno donde la ciencia y el negocio se complementan eficazmente.

Profundizando en la génesis de las *start-ups* que emergen del ámbito académico, conocidas como *spin-offs* universitarias, la formalización de la **transferencia de tecnología** desde la institución de investigación (universidad, centro tecnológico) a la nueva empresa constituye un nudo gordiano jurídico de primera magnitud. Este proceso no es una mera transacción, sino el establecimiento de una relación a largo plazo cuya correcta articulación es vital para el éxito de la *spin-off*. La Propiedad Intelectual o Industrial (PII) desarrollada en el seno de la universidad, a menudo fruto de años de investigación financiada con fondos públicos es el activo fundacional de la nueva empresa. Por ello, el primer desafío legal consiste en definir el mecanismo a través del cual la *start-up* adquiere los derechos para explotar comercialmente dicha PII. Generalmente, existen dos vías principales: la cesión de la titularidad o el licenciamiento de los derechos de explotación. La cesión, aunque proporciona a la *start-up* un control total sobre el activo, suele ser menos frecuente y más costosa, ya que implica la transmisión completa de la propiedad de la patente o el *software*. La vía más habitual es la **suscripción de un contrato de licencia**, mediante el cual la universidad, como titular de la PII, otorga a la *spin-off* el derecho a usar, desarrollar y comercializar la tecnología a cambio de una contraprestación[53]. Esta contraprestación puede estructurarse de diversas maneras: un pago inicial *(upfront fee)*, pagos por la consecución de hitos de desarrollo o comerciales, y, lo más común, el pago de *royalties* o regalías calculadas como un porcentaje sobre las ventas netas del producto o servicio derivado de la tecnología licenciada.

---

53 *Vid.* VV. AA., *Libro Blanco sobre los temas clave de la transferencia de tecnología desde los centros de investigación a las empresas*, disponible en: https://www.transener.eu/media/attachments/2019/07/22/trnsener-libro-blanco_transferencia_tecnologia_conocimiento_fv.pdf, p. 13.

La negociación del contrato de licencia es un ejercicio de equilibrio delicado. La universidad buscará un retorno justo por su inversión en investigación y se asegurará de retener ciertos derechos, como el uso de la tecnología para fines de investigación y docencia no comerciales. Por su parte, la *spin-off* necesita que los términos de la licencia sean lo suficientemente favorables como para no ahogar su viabilidad financiera en las primeras etapas. Aspectos como la **exclusividad de la licencia** son cruciales; una licencia exclusiva (que impide a la universidad licenciar la misma tecnología a terceros en un determinado campo de aplicación y territorio) es fundamental para que la *spin-off* pueda atraer inversores, ya que garantiza su ventaja competitiva. Otro punto crítico es la definición del **campo de aplicación** y el **territorio** de la licencia, que deben ser lo suficientemente amplios para permitir el crecimiento de la empresa, pero lo bastante precisos para no bloquear otros posibles usos no competitivos de la tecnología por parte de la universidad. Además, el contrato debe regular la responsabilidad sobre el mantenimiento de los derechos de PII (pago de tasas de patentes), la estrategia de defensa frente a posibles infracciones de terceros, y, muy importante, la titularidad de las **mejoras o nuevos desarrollos** que se generen a partir de la tecnología licenciada, que pueden ser propiedad de la *spin-off*, de la universidad o de titularidad compartida, dependiendo de lo negociado.

La propia estructura de participación en el capital de la *spin-off* es otro de los aspectos legales derivados de esta relación. Es frecuente que la universidad, en lugar de o además de recibir una contraprestación puramente económica, tome una participación en el capital social de la nueva empresa. Esta participación se materializa a través de la aportación no dineraria de la licencia de explotación de la PII. Este modelo alinea los intereses de la universidad con los de la *spin-off* a largo plazo, ya que la institución solo obtendrá un retorno si la empresa tiene éxito y su participación se revaloriza. Sin embargo, esto introduce una complejidad adicional: la **valoración de la aportación no dineraria**. La valoración de una tecnología en fase temprana, cuyos resultados comerciales son inciertos, es un proceso subjetivo y técnicamente complejo que requiere un informe de experto independiente, conforme a la Ley de Sociedades de Capital, para determinar el valor de las participaciones que la universidad recibirá a cambio[54]. Una valoración demasiado alta puede diluir excesivamente a los promotores-investigadores y disuadir a futuros inversores, mientras que una valoración demasiado baja puede ser considerada perjudicial para los intereses públicos de la universidad.

Finalmente, la relación entre el equipo promotor, formado por los investigadores que crearon la tecnología, y los empresarios o inversores que se suman al proyecto para aportar capital y gestión, debe ser cuidadosamente regulada en el pacto de socios. Es habitual que los investigadores, aunque expertos en su campo científico, carezcan de experiencia en gestión empresarial, ventas o finanzas. La incorporación de un CEO externo o la entrada de un *venture builder* que aporte equipo gestor es una práctica común. El pacto de socios debe definir claramente los roles y responsabilidades de cada parte, los mecanismos de toma de decisiones, y cómo se equilibra la visión científica a largo plazo de los investigadores con la necesidad de los inversores de obtener un retorno en un plazo razonable. Cláusulas que regulen la continuidad de la colaboración investigadora entre la *spin-off* y el grupo de investigación de la universidad, o que establezcan comités científico-asesores, son herramientas útiles para mantener el flujo de innovación. La correcta gestión de estas complejas interrelaciones legales y de gobernanza es, en definitiva, el cimiento sobre el que se construyen las *spin-offs* universitarias exitosas, transformando el conocimiento académico en valor económico y social.

---

54 Real Decreto Legislativo 1/2010, de 2 de julio, por el que se aprueba el texto refundido de la Ley de Sociedades de Capital. BOE núm. 161, de 3 de julio de 2010.

5.4. Interacción entre sector privado y público

La interacción entre el sector privado y el público es esencial para el desarrollo del ecosistema de *start-ups* tecnológicas e innovadoras. Esta colaboración permite aprovechar recursos, conocimientos y oportunidades que, de forma aislada, serían más difíciles de alcanzar. El sector público, a través de gobiernos e instituciones, crea un entorno favorable para la innovación mediante incentivos fiscales, subvenciones y políticas que fomentan el emprendimiento, contribuyendo al crecimiento económico y la competitividad global.

Por su parte, *las star-ups* se benefician del acceso a infraestructuras públicas, como parques tecnológicos y centros de investigación, que facilitan el desarrollo de tecnologías avanzadas. También, las alianzas con universidades y centros de investigación permiten acceder a talento cualificado y a innovaciones científicas que pueden ser comercializadas. El sector privado, en tanto, aporta agilidad, enfoque en el mercado y capacidad de asumir riesgos, cruciales para el crecimiento de las *start-ups*.

Además, la financiación privada, proveniente de inversores ángeles, capital riesgo y corporaciones, es esencial para el crecimiento empresarial, mientras que el sector público juega un papel importante en las primeras etapas, donde el riesgo es alto y el retorno incierto. A pesar de los beneficios, las diferencias en tiempos y procesos entre ambos sectores pueden generar desafíos, lo que requiere mecanismos eficientes de colaboración para maximizar los beneficios mutuos.

6

DIFICULTADES Y OBSTÁCULOS EN EL PROCESO DE INVERSIÓN

6.1. Barreras legales y burocráticas

Las barreras legales y burocráticas son desafíos importantes para las *star-ups* tecnológicas e innovadoras, así como para los inversores interesados en participar en ellas. Estos obstáculos pueden ralentizar el proceso de inversión, aumentar los costos operativos y, en algunos casos, desalentar la inversión extranjera. Uno de los principales problemas es la complejidad de la legislación mercantil y fiscal. Crear y registrar una empresa puede ser un proceso largo y complicado, con múltiples trámites que deben cumplirse ante organismos públicos. Esto retrasa el inicio de las operaciones y genera costos adicionales, afectando la liquidez de la *start-up* en sus etapas iniciales.

Las regulaciones laborales también pueden ser una barrera significativa, especialmente en países con legislaciones rígidas que limitan la flexibilidad en la contratación y despido de personal. Esto puede dificultar que la *start-up* se adapte a las cambiantes necesidades del mercado y aumentar los costos laborales. Además, la carga administrativa de cumplir con las obligaciones laborales y de seguridad social puede consumir recursos que podrían dedicarse al crecimiento de la empresa.

La protección de la propiedad intelectual es otra barrera legal. Registrar patentes, marcas y otros derechos es un proceso complejo y costoso, particularmente si se busca protección internacional. Los largos tiempos de espera para la concesión de estos derechos exponen a la *start-up* al riesgo de infracciones.

En este contexto de desafíos normativos, la legislación española ha intentado erigir un marco más propicio para el florecimiento de empresas emergentes a través de la Ley 28/2022, de 21 de diciembre, de fomento del ecosistema de las empresas emergentes, comúnmente conocida como la «Ley de Startups». Este texto legal tiene como propósito fundamental mitigar algunas de las barreras fiscales, mercantiles y administrativas que tradicionalmente han lastrado el desarrollo de estas compañías. Uno de los avances más significativos se encuentra en el **ámbito fiscal**. La ley establece un tipo impositivo reducido en el Impuesto sobre Sociedades, que pasa del 25 % general al 15 % para las *start-ups* certificadas, aplicable en el primer período impositivo en que la base imponible sea positiva y en los tres siguientes[55]. Esta medida busca aliviar la carga tributaria en las fases cruciales de crecimiento, permitiendo una mayor reinversión de los beneficios generados. Asimismo, se ha mejorado el tratamiento fiscal de la retribución basada en opciones sobre acciones *(stock options)*, elevando el umbral de la exención en el IRPF de 12.000 a 50.000 euros anuales para los empleados de estas empresas, y difiriendo la tributación de la cantidad no exenta hasta que se produzca un evento de liquidez, como se ha analizado previamente[56]. Esta reforma pretende convertir los ESOPs en una herramienta verdaderamente competi-

---

55 Ley 28/2022, de 21 de diciembre, de fomento del ecosistema de las empresas emergentes. BOE núm. 306, de 22 de diciembre de 2022.

56 *Vid.* Capboard, «Stock Options en España bajo la Ley de Startups», en *Capboard*, (s.f.).

tiva para la atracción y retención de talento cualificado, un recurso a menudo escaso y disputado.

Desde una perspectiva mercantil y administrativa, la «Ley de Startups» también introduce medidas destinadas a reducir la burocracia. Se agiliza el proceso de constitución de estas empresas, permitiendo su creación de forma telemática y con un coste reducido, y se elimina la obligación de obtener el Número de Identificación de Extranjero (NIE) para los inversores no residentes, siendo suficiente con la obtención de un Número de Identificación Fiscal (NIF)[57]. Esta simplificación, aunque pueda parecer menor, es relevante para atraer capital internacional, ya que reduce una de las fricciones administrativas que a menudo desalentaban a *business angels* o fondos extranjeros de menor tamaño. Además, se contempla el aplazamiento del pago de deudas tributarias en las fases iniciales y se flexibilizan las causas de disolución por pérdidas, otorgando a las *start-ups* un mayor margen de maniobra para superar los valles de la muerte financieros sin verse abocadas a una disolución prematura. El objetivo teleológico de estas disposiciones es claro: reconocer la naturaleza singular de las empresas emergentes, caracterizadas por un crecimiento exponencial pero también por una alta volatilidad y un consumo intensivo de capital, y adaptar el marco normativo a esta realidad.

No obstante, a pesar de estos avances legislativos, persisten barreras significativas. La propia obtención de la certificación como «empresa emergente» por parte de ENISA (Empresa Nacional de Innovación, S.A.), requisito indispensable para acogerse a los beneficios de la ley, constituye en sí misma un proceso administrativo que requiere la preparación de documentación y el cumplimiento de criterios específicos (ser de nueva creación o de hasta 5 años, no cotizar en bolsa, no distribuir dividendos

---

57 Ley 28/2022, de 21 de diciembre, de fomento del ecosistema de las empresas emergentes. BOE núm. 306, de 22 de diciembre de 2022.

y tener un carácter innovador)[58]. La efectividad de la ley dependerá en gran medida de la agilidad y eficiencia con que este organismo gestione los procedimientos de certificación. Por otro lado, la ley no aborda en profundidad ciertas rigideces del mercado laboral que pueden seguir representando un obstáculo, ni simplifica la complejidad inherente a la normativa sectorial específica que afecta a ámbitos como *fintech*, *biotech* o *healthtech*, donde la obtención de licencias y autorizaciones sigue siendo un proceso largo y costoso. La protección de la propiedad intelectual, si bien reconocida como crucial, tampoco ve sus procedimientos de registro o defensa sustancialmente agilizados por esta ley.

En suma, la «Ley de Startups» representa un paso en la dirección correcta y un reconocimiento explícito de la necesidad de un entorno normativo diferenciado para el emprendimiento innovador. Sus incentivos fiscales y las medidas de simplificación administrativa buscan, sin duda, allanar el camino y mitigar algunas de las barreras históricas. Sin embargo, su impacto real deberá ser evaluado a lo largo del tiempo, observando si la implementación práctica es lo suficientemente ágil y si se complementa con futuras reformas que aborden las barreras estructurales que aún persisten en el ámbito laboral y regulatorio sectorial. Para los inversores y fundadores, el conocimiento profundo de esta nueva normativa es ahora indispensable, no solo para aprovechar sus beneficios, sino también para entender sus limitaciones y continuar navegando el complejo, aunque ahora ligeramente más favorable, panorama legal y burocrático español. La ley no es una panacea, pero sí una herramienta valiosa que, utilizada estratégicamente, puede contribuir a reducir los costes de fricción y a potenciar el crecimiento del ecosistema emprendedor.

---

58 *Vid.* ENISA, *Certificación de Startups*, https://www.enisa.es/es/financiacion/info-enisa/certificacion-startup.

En sectores regulados como el financiero o el sanitario, los requisitos adicionales, como licencias o autorizaciones, pueden ser difíciles de cumplir para *star-ups* con recursos limitados, retrasando el lanzamiento de productos. Los inversores extranjeros también enfrentan obstáculos, como restricciones en la adquisición de participaciones o la repatriación de capital, lo que complica la inversión transfronteriza.

Para superar estas barreras, las *star-ups* e inversores deben contar con asesoramiento legal especializado. Fomentar el diálogo con las autoridades para simplificar procedimientos y reducir cargas burocráticas es clave para crear un entorno que favorezca la innovación y el emprendimiento.

6.2. Riesgos tecnológicos y de mercado

Los riesgos tecnológicos y de mercado son factores críticos que pueden influir en el éxito, afectando directamente el retorno de inversión. En un entorno competitivo y en rápida evolución, se enfrentan a la obsolescencia tecnológica y la aparición de tecnologías disruptivas. Si no logra mejorar sus productos rápidamente, corre el riesgo de ser superada por competidores más ágiles, lo que puede resultar en la pérdida de relevancia en el mercado. Además, los problemas técnicos en el desarrollo y escalado de la tecnología pueden generar retrasos y costos adicionales, afectando la viabilidad del proyecto.

Los riesgos de mercado incluyen la aceptación del producto por parte de los consumidores, la competencia y las condiciones económicas. Una *start-up* puede desarrollar una solución técnicamente viable, pero si no existe suficiente demanda o el mercado no está listo para adoptarla, el éxito comercial será limitado. La entrada de competidores más grandes y con mayor posicionamiento puede dificultar la penetración en el mercado.

Para mitigar estos riesgos, deben monitorear tendencias tecnológicas, la competencia y adaptar su propuesta de valor. Los inversores, por su parte, deben evaluar la solidez tecnológica y de mercado de la *start-up* y diversificar su cartera para reducir el impacto de estos riesgos en su inversión.

Errores comunes en la relación *start-up* - inversor

Las relaciones entre *start-up* e inversores son la clave del éxito, sin embargo, tener en cuenta los posibles riesgos o conflictos que puedan surgir entre emprendedor e inversor, son necesarios para evitar el fracaso de la empresa.

La escalabilidad del producto es un incentivo para el inversor que busca rápidamente el retorno de la inversión, pero, muchas *star-ups,* sobre todo en las fases iniciales de su constitución no tienen un producto sólido. Es por ello, que **se recomienda antes de cerrar y aceptar una inversión, que ambas partes hayan fijado un nivel de crecimiento, rentabilidad y tiempo de retorno.**

No todos los inversores deben ser aceptados, aceptar el dinero sin evaluar si realmente tiene algún valor estratégico, aboca a la empresa al fracaso. **La elección del inversor correcto necesita buscar en éstos aptitudes de conocimiento en el sector, (ya que, sus decisiones pueden ser impuestas erróneamente), además del capital que se ofrezca a invertir.**

Los emprendedores o fundadores que participan con demasiada avidez en las etapas más tempranas están más expuestos a una pérdida de control. Para ello debe planificarse la dilución en cada ronda de inversión y mantener los porcentajes de control.

Los excesos de interferencia del inversor o el mal uso del capital son los errores más comunes en las relaciones con inversores. Los fundadores deben de fijar el marco de toma de decisiones de los inversores y la exclusividad de los propios fundadores. En los supuestos en los que, el capital se ha usado indebidamente, como, por ejemplo, exceso de marketing, contratación innecesaria, evidencian claramente la falta de administración y enfoque del capital, que en ningún caso va a conducir a rentabilidad.

6.3. Conflictos entre socios y gestión de disputas

Los conflictos entre socios son comunes en *star-ups* debido a las intensas dinámicas y el alto nivel de estrés del entorno empresarial emergente. Las causas incluyen diferencias en visiones estratégicas, desequilibrios en la dedicación al proyecto, desacuerdos sobre la gestión financiera o el reparto de beneficios. Gestionar estos conflictos de manera eficaz es esencial para mantener la cohesión del equipo, asegurar la continuidad del negocio y proteger los intereses de todos los involucrados. Una comunicación abierta y transparente es clave para prevenir y resolver disputas. Establecer canales de diálogo regulares permite a los socios expresar sus inquietudes y expectativas, identificando problemas antes de que se agraven. Además, fomentar una cultura organizacional basada en el respeto mutuo y la confianza facilita la gestión de las diferencias como oportunidades de crecimiento.

Los pactos de socios y acuerdos de inversión juegan un papel crucial en la prevención de conflictos, al detallar funciones y responsabilidades, y proporcionar un marco legal claro. Estos documentos suelen incluir cláusulas de resolución de disputas, como la mediación o el arbitraje, que ofrecen soluciones estructuradas para evitar litigios prolongados. Cuando los conflictos escalan, recurrir a un mediador neutral puede facilitar la comunicación y ayudar a alcanzar acuerdos aceptables para ambas partes.

Debe incluirse como modelo, el documento privado entre los socios que regula aspectos clave no cubiertos en los estatutos, que contenga en todo caso:

1. **El objeto del pacto,** que es la toma de decisiones y la protección de intereses dentro de la startup.

2. El porcentaje de participaciones y aportaciones de los socios.

3. Funciones y responsabilidades de cada socio.

4. **Cláusulas de entrada y salida de socios,** con supuestos que exijan la aprobación de un porcentaje concreto de los socios para la entrada de uno nuevo, o, en el caso de salidas voluntarias de los socios, ofrecer primero sus participaciones al resto de socios, previamente a venderlas a un tercero.

5. **Distribución de participaciones y restricciones de venta,** en el caso de estas últimas, distribuyendo los beneficios en función de las aportaciones de los socios.

6. **Cláusulas de no competencia y permanencia** *(vesting)*, durante su permanencia en la empresa.

7. **Cláusulas de confidencialidad,** en las que los socios se comprometan a no divulgar la información confidencial de la empresa, tanto durante su vigencia en la misma como, en el caso de que se estipule un período en el supuesto de la salida de los socios.

8. **Cláusula de resolución de conflictos,** en el caso de disputa, acudir a la vía de la mediación o el arbitraje antes de recurrir a la vía judicial.

La importancia de la buena redacción del pacto de socios radica en que **protege los intereses de los fundadores y previene disputas internas.**

7

DESINVERSIÓN Y ESTRATEGIAS DE SALIDA

7.1. Momentos óptimos para la desinversión

La desinversión es crucial, ya que es cuando los inversores realizan los beneficios de su inversión. Identificar el momento óptimo para desinvertir es fundamental para maximizar el retorno y minimizar riesgos. Este momento depende de factores internos, como el nivel de madurez, que incluyen hitos clave como el crecimiento sostenido, una posición sólida en el mercado o el éxito de rondas de financiación que hayan incrementado su valoración. Estos indicadores señalan que la empresa ha aumentado su valor, haciendo atractiva la venta de la participación.

Factores externos, como las condiciones del mercado y el entorno económico, también influyen. Un mercado alcista o con alta liquidez puede ofrecer oportunidades para desinvertir, ya sea mediante una oferta pública inicial (OPI), una venta estratégica o la entrada de nuevos inversores. Por el contrario, en tiempos de incertidumbre o volatilidad, puede ser prudente posponer la desinversión hasta que las condiciones mejoren. Tendencias específicas del sector, como consolidaciones o la aparición de tecnologías disruptivas, también pueden señalar un momento oportuno.

Además, los acuerdos de inversión y cláusulas como el *drag-along* y *tag-along* impactan el proceso. Los inversores deben planificar su estrategia de desinversión en consonancia con estos acuerdos, considerando sus propios objetivos financieros y de liquidez.

Factores para desinversión	Descripción
Crecimiento sostenido	Nivel de madurez y éxito en rondas de financiación
Condiciones de mercado	Mercados alcistas con alta liquidez favorecen la venta
Tendencias sectoriales	Consolidaciones y tecnologías disruptivas

Fuente: elaboración propia.

7.2. Mecanismos de salida (venta, IPO, *buyback*)

La planificación de los mecanismos de salida es crucial en la estrategia de inversión en *star-ups* tecnológicas, ya que permite a los inversores recuperar su inversión y obtener rendimientos. Los métodos más comunes de desinversión son la venta directa, la oferta pública inicial (IPO) y la recompra de acciones *(buyback)*, cada uno con características que deben ser evaluadas según las circunstancias y los objetivos de los inversores.

La venta directa consiste en transferir participaciones a un tercero, como otro inversor, una empresa competidora o un socio estratégico. Puede ser total o parcial y ofrece liquidez relativamente rápida, siendo más viable cuando ha alcanzado madurez y demostrado valor en el mercado. Este método es común en casos de adquisiciones por parte de empresas más grandes interesadas en la tecnología o mercado de la *start-up*.

La oferta pública inicial (IPO) es un proceso en el cual la *start-up* cotiza en el mercado bursátil, permitiendo a los inversores vender acciones al público. Generalmente, ofrece rendimientos significativos si la empresa ha crecido sustancialmente. Sin embargo, la IPO es un proceso complejo, costoso y regulado, adecuado para aquellas con una sólida trayectoria financiera y gran escala.

El *buyback* o recompra de acciones ocurre cuando la *start-up* adquiere las participaciones de los inversores. Esto beneficia a los inversores al proporcionarles liquidez, mientras que la empresa puede consolidar el control entre los fundadores o prepararse para la entrada de nuevos inversores. Generalmente, la recompra se realiza a un precio acordado según el valor de la empresa, con implicaciones legales y financieras sujetas a los pactos de socios.

La elección del mecanismo de salida depende del estado de la *start-up*, las condiciones del mercado y los objetivos de los inversores. Planificar con antelación estas vías en los acuerdos legales, junto con una comunicación transparente y alineación de intereses, facilita el proceso y maximiza el valor de la salida.

La liquidación o cierre de la *start-up* como herramienta de salida permite a los inversores recuperar la inversión, si la *start-up* fracasa poder vender la empresa para pagar las deudas.

Mecanismo de salida	Descripción	Ventajas
Venta directa	Transferencia de participaciones a otro inversor, competidor o socio estratégico	Liquidez rápida y efectiva
IPO	Cotización en bolsa, permite vender acciones al público	Altos rendimientos potenciales
Buyback	La *start-up* recompra las acciones a los inversores	Consolida control en fundadores

Fuente: Elaboración propia.

Caso Práctico | El camino hacia el Exit. Venta estratégica y consideraciones fiscales

Tras varios años de crecimiento robusto, una exitosa expansión a nuevos mercados y el desarrollo de funcionalidades innovadoras en su *software*, *InnovaTech Solutions* se ha consolidado como un actor relevante en el sector de la logística tecnológica. Los fundadores y *VenturaTech Capital*, junto con *Ángeles Inversores Alfa* (cuya nota convertible se transformó en participaciones en la Serie A), comienzan a contemplar estratégicamente un **evento de «exit»**.

Aunque una Oferta Pública Inicial (OPI) es una opción teórica, la vía más plausible y atractiva en su sector y tamaño es una **venta estratégica** a una gran corporación de logística internacional, «GlobalLogistics Corp.», que busca incorporar tecnología de vanguardia para modernizar sus operaciones. El **proceso de M&A** se inicia con conversaciones exploratorias, seguidas de la firma de un Acuerdo de Confidencialidad (NDA) y la presentación por parte de *InnovaTech* de un Memorando de Información Confidencial (CIM) detallado, preparado con la ayuda de una boutique de M&A especializada que han contratado para asesorarles en la operación, una recomendación habitual para maximizar las probabilidades de cierre exitoso[59].

GlobalLogistics Corp. presenta una carta de intenciones no vinculante (LOI) que valora *InnovaTech* en 35 millones de euros, sujeta a una *due diligence* exhaustiva por su parte. Este proceso de auditoría es aún más riguroso que el de la Serie A, abarcando no solo aspectos financieros, legales y tecnológicos, sino también la complementariedad cultural, los riesgos de integración y la retención del talento clave post-adquisición[60].

59　*Vid.* K FUND, «Cómo preparar y afrontar un proceso de M&A de tu startup», *K Fund Blog*, 2022.

60　*Vid.* BBVA, «¿Cómo preparar un proceso de M&A de una *startup*?», *BBVA Innovación*, 2024.

La transparencia y la preparación de *InnovaTech* son cruciales; cualquier inconsistencia o problema no revelado puede hacer peligrar la transacción o llevar a una renegociación a la baja del precio. La historia de *exits* de *start-ups* españolas, como la millonaria venta de Idealista a EQT[61], sirve de referente y motivación, pero también subraya la complejidad y duración de estos procesos.

Un aspecto contractual fundamental que entra en juego en este momento es la **activación de las cláusulas de drag-along** (arrastre) presentes en el pacto de socios de *InnovaTech*. Suponiendo que *VenturaTech Capital*, como socio mayoritario o con el apoyo de otros inversores que conjuntamente superan el umbral pactado (por ejemplo, el 66 % del capital), considera que la oferta de *GlobalLogistics Corp.* es beneficiosa, puede ejercer su derecho de *drag-along*.

Esto significa que puede obligar a los socios minoritarios restantes, incluyendo a alguno de los fundadores que pudiera tener reticencias o a *Ángeles Inversores Alfa* si su participación fuera minoritaria y no estuviera alineada, a vender sus participaciones en las mismas condiciones (precio, forma de pago, declaraciones y garantías)[62]. Esta cláusula es vital para *GlobalLogistics Corp.*, que busca adquirir el 100 % del control de *InnovaTech* para una integración completa. Sin el *drag-along*, un minoritario disconforme podría obstaculizar la venta.

Por otro lado, si la situación fuera que un grupo de fundadores deseara vender y *VenturaTech* no, pero otro comprador ofreciera adquirir solo una participación mayoritaria, la cláusula de *tag-along* (acompañamiento) protegería a *VenturaTech*, permitiéndole sumarse a la venta en las mismas condiciones para no quedarse «atrapado» con un nuevo socio mayoritario no deseado. La redacción precisa de estas cláusulas en el pacto de socios original y sus pos-

---

61   *Vid*. STARTUP VALENCIA, «Cuáles son las mayores ventas de startups en España: top 10 de "exits"», *Startup Valencia Blog*, 2024.

62   *Vid.* DELVY, «Cláusulas Drag Along y Tag Along en un Pacto de Socios», *Delvy Blog*, 2019.

teriores modificaciones es ahora determinante para una ejecución fluida del *exit*.

Finalmente, las **implicaciones fiscales** de la venta son una consideración primordial para todos los socios. Para los fundadores (Ana, Bruno y Carla), personas físicas residentes en España, la ganancia patrimonial derivada de la venta de sus participaciones tributará en la base imponible del ahorro del IRPF. Si, por ejemplo, Ana obtuvo una ganancia de 5 millones de euros, esta se someterá a los tramos progresivos (hasta 6.000 € al 19 %; entre 6.000,01 € y 50.000 € al 21 %; entre 50.000,01 € y 200.000 € al 23 %; entre 200.000,01 € y 300.000 € al 27 %; y el exceso sobre 300.000 € al 28 %, según la escala actual)[63].

Es crucial determinar correctamente el valor de adquisición de sus participaciones (incluyendo el coste de las aportaciones iniciales y las posibles ampliaciones de capital a las que acudieron) para calcular la ganancia. Con carácter general, esta venta estará exenta de IVA e ITP, a menos que más del 50 % del activo de *InnovaTech* estuviera constituido por inmuebles no afectos a su actividad económica, lo cual no es el caso al ser una empresa de *software*[64].

Para *Ángeles Inversores Alfa* y *VenturaTech Capital* (suponiendo que son entidades jurídicas españolas), la ganancia se integraría en la base imponible del Impuesto sobre Sociedades, si bien podrían aplicar la exención por doble imposición de dividendos y plusvalías de transmisión de participaciones (art. 21 LIS) si cumplen los requisitos (participación mínima del 5 % o valor de adquisición superior a 20 millones, y tenencia ininterrumpida durante al menos un año).

Si alguno de los inversores fuera una persona física que reinvierte la totalidad de la ganancia obtenida en la

---

63   *Vid.* ABANTE ASESORES, «¿Cómo tributan las acciones en la declaración de la renta?», *Abante Asesores Blog*, 2025.

64   *Vid.* Jose Maria SALCEDO, «Venta de participaciones sociales e IRPF en España», *Jose Maria Salcedo Blog*, 2024.

adquisición de nuevas participaciones en otra *start-up* que cumpla los requisitos de la «Ley de *Startups*», podría acogerse a la exención por reinversión en entidades de nueva o reciente creación, difiriendo así la tributación de esta ganancia, siempre que mantenga la nueva inversión por un periodo mínimo de entre 3 y 12 años[65]. Esta planificación fiscal, idealmente contemplada desde el momento de la inversión inicial, puede optimizar significativamente el retorno neto.

Si *VenturaTech* fuera un fondo extranjero, la tributación de su ganancia en España dependería del convenio de doble imposición aplicable entre España y su país de residencia, siendo común que la potestad para gravar estas plusvalías se atribuya al país de residencia del inversor, salvo excepciones. La estructuración de la venta (ej. venta de acciones vs. venta de activos, aunque menos común para *start-ups* tecnológicas) y la negociación de las cláusulas de responsabilidad por contingencias fiscales ocultas *(tax indemnities)* en el contrato de compraventa (SPA) son también aspectos legales y fiscales de enorme relevancia en la fase final del *exit*.

7.3. Implicaciones fiscales y legales en la salida

La desinversión conlleva importantes implicaciones fiscales y legales que deben ser gestionadas cuidadosamente para optimizar el retorno de la inversión y cumplir con las normativas. Fiscalmente, la venta de participaciones genera ganancias patrimoniales que, en España, están gravadas en el Impuesto sobre la Renta de las Personas Físicas (IRPF) en la base imponible del ahorro. Los tipos impositivos progresivos aplican según la ganancia obtenida. Existen beneficios fiscales, como la deducción por inversión en empresas de nueva creación, que pueden reducir la carga fiscal si se cumplen los requisitos legales.

---

65   *Vid.* JRA ECONOMISTAS, «Deducción por inversión en nuevas empresas», *JRA Economistas Blog*, 2024.

Para inversores no residentes, las implicaciones fiscales dependerán de los convenios de doble imposición entre España y el país de residencia del inversor, los cuales pueden evitar la doble tributación y determinar dónde se deben pagar los impuestos. En cuanto a las empresas inversoras, el tratamiento fiscal se ajusta al régimen fiscal aplicable, como en el caso de sociedades de capital riesgo.

Legalmente, es fundamental revisar los pactos de socios y acuerdos de inversión para identificar cláusulas que puedan afectar la venta, como restricciones de transmisibilidad o derechos preferentes. En caso de una oferta pública inicial (IPO), la empresa deberá cumplir con los requisitos regulatorios de la CNMV.

Las **estrategias para optimizar la salida fiscal y legalmente** debe contar con las siguientes claves: una buena **estructuración fiscal eficiente,** como podría ser la de crear herramientas de inversión, (por ejemplo, las sociedades *holding*), en países con beneficios fiscales; analizar la estructura de salida desde el inicio, para minimizar impuestos y complicaciones legales; negociar las cláusulas en pactos de socios, para asegurar la flexibilidad en la venta de participaciones y evitar bloqueos a la salida y, por último, el uso de incentivos fiscales, como el aprovechamiento de programas de inversión para *star-ups* que reduzcan la carga fiscal.

En conclusión, contar con asesoramiento legal y fiscal especializado asegura el cumplimiento normativo y maximiza los beneficios de la desinversión.

7.4. Retorno de inversión y métricas de éxito

El retorno de inversión (ROI) es un indicador fundamental para los inversores en *star-ups* tecnológicas e innovadoras, ya que mide la rentabilidad obtenida en relación con el capital invertido. Evaluar el ROI permite determinar el éxito de la inversión y compararlo con otras oportunidades en el mercado. Las métricas de éxito son esenciales para cuantificar el desempeño y el valor generado. Entre las más relevantes están el crecimiento de ingresos, la tasa de adquisición de clientes, el valor de vida del cliente (LTV), el costo de adquisición de clientes (CAC) y el margen bruto.

El crecimiento de ingresos refleja la capacidad de la *start-up* para aumentar sus ventas, mientras que la tasa de adquisición de clientes indica la eficacia de las estrategias de marketing. Un LTV alto sugiere clientes rentables a largo plazo, especialmente si supera al CAC. El margen bruto mide la rentabilidad operativa de la empresa, y un margen saludable indica capacidad para generar beneficios.

Para los inversores, estas métricas ofrecen una visión clara del desempeño y del retorno esperado. Un seguimiento constante de estos indicadores permite ajustar estrategias y comunicar su valor a los inversores. Además del ROI, se pueden considerar otras métricas como el múltiplo de dinero invertido (MoM) y la tasa interna de retorno (TIR) para evaluar la rentabilidad y eficiencia temporal de la inversión.

Las métricas clave en las *star-ups* son:

- **CAC (Costo de Adquisición de Cliente),** que indica cuánto cuesta adquirir cada cliente nuevo.

- **LTV (Valor de vida del cliente),** representa cuánto ingreso genera un cliente antes de que se vaya.

- **Tasa de retención y Churn Rate,** respectivamente son: % de clientes que siguen usando el servicio en un periodo determinado y, % de clientes que cancelan el servicio.

En suma, para *star-ups,* el ROI financiero tradicional no siempre es aplicable, por lo que es mejor enfocarse en métricas como **CAC, LTV, Retención y Churn Rate.**

Las *star-ups* requieren de un servicio de Landing Pack que incluye los documentos legales necesarios para su puesta en marcha, esto es, la constitución de la sociedad, el pacto de socios inicial y el registro de la marca. A continuación, se detallan algunos de estos documentos:

La escritura de constitución

La escritura de constitución como documento que formaliza la creación de la empresa y establece sus bases jurídicas, es de suma importancia por las siguientes cuestiones que se plantean a continuación:

- **Reconocimiento legal**: permite que la empresa tenga existencia jurídica y derechos propios.

- **Responsabilidad limitada**: si se constituye como una **Sociedad de Responsabilidad Limitada (S.L.)**, los socios no responden con su patrimonio personal.

- **Acceso a financiación**: inversores, bancos y organismos públicos requieren este documento para otorgar fondos.

- **Cumplimiento legal**: es un requisito para tributar correctamente y operar dentro de la legalidad.

- **Protección de socios**: define el reparto de participaciones y evita conflictos internos.

Los **elementos clave en la escritura de constitución son**:

- **Denominación social**: nombre legal de la *start-up.*

- **Domicilio social**: dirección legal desde donde opera la empresa.

- **Objeto social**: actividad económica que desarrollará la empresa.

- **Capital social**: cantidad inicial aportada por los socios y su distribución.

- **Administración de la empresa**: cómo se tomarán las decisiones y quiénes serán los representantes legales.

- **Normas básicas de funcionamiento**: procedimientos para la toma de decisiones, entrada o salida de socios, y distribución de beneficios.

Los estatutos sociales

Los estatutos sociales son un documento fundamental que regulan el funcionamiento interno de la *start-up* y se redactan junto con la escritura de constitución debidamente inscrita en el Registro Mercantil. **Mientras que la escritura establece la identidad y estructura de la empresa, los estatutos detallan cómo se gestionará y administrará.**

De un lado, los estatutos permiten establecer reglas claras sobre la administración y toma de decisiones, regulando así la relación entre los socios y evitando conflictos futuros. Por otro lado, definen la distribución de beneficios y pérdidas y garantizan la estabilidad jurídica, ya que, los cambios en los estatutos requieren aprobación formal.

Acuerdos de inversión

Los acuerdos de inversión son contratos que regulan la entrada de inversores en una *startup*. En estos documentos se establecen los términos financieros, los derechos y obligaciones de ambas partes y las condiciones bajo las cuales se realiza la inversión.

Estos acuerdos son esenciales porque protegen tanto a los fundadores como a los inversores, asegurando que todos tengan claridad sobre sus roles, expectativas y retorno de inversión.

Tipos:

a) **Nota convertible:** un préstamo que se convierte en acciones **de la *startup* en el futuro,** generalmente en la siguiente ronda de inversión.

b) **SAFE (Acuerdo Simplificado sobre Acciones Futuras):** instrumento de financiación, que promueve la inversión convertible a futuro en acciones de la empresa, de forma similar a la nota convertible.

c) *Equity Investment* **(Inversión a cambio de participaciones):** el inversor compra un porcentaje de la empresa desde el inicio, funcionando paralelamente a los modelos que se han explicado anteriormente con las acciones.

Los acuerdos de inversión incluyen a su vez: el monto de inversión y participación otorgada, las condiciones de uso de los fondos, los derechos de los inversores (voto, información, preferencia en venta) y las cláusulas de salida.

Estos acuerdos **promueven la regulación de la entrada de inversores y protege tanto a la start-up como a quienes invierten.**

Acuerdos de confidencialidad
(NDA - *Non Disclosure Agreement*)

Los acuerdos de confidencialidad son documentos legales que establecen la obligación de mantener en secreto cierta información compartida entre dos o más partes.

En el contexto de una startup, los NDAs son esenciales para proteger información clave como ideas de negocio, tecnología, estrategias de mercado, datos financieros o acuerdos con inversores.

Las situaciones que puedan derivarse de la gestación de la Startup como la presentación de la *start-up* a los inversores, la contratación de empleados, la colaboración con socios estratégicos, son algunos de los supuestos que exigen y relucen la importancia de los acuerdos de confidencialidad.

Sin un NDA, cualquier persona con acceso a la información podría **filtrarla, copiarla o usarla para su propio beneficio,** afectando la competitividad de la *Startup*.

Dependiendo de la relación de las partes, los NDAs pueden clasificarse en:

- **NDA unilateral**: sólo una de las partes tiene la obligación de mantener la confidencialidad.

- **NDA bilateral**: ambas partes están obligadas a mantener la confidencialidad de la información que comparten.

- **NDA multilateral**: más de dos partes están involucradas en la protección de información confidencial.

8

CONCLUSIONES

La participación de inversores en startups puede generar diversos problemas jurídicos que deben abordarse con precaución para evitar conflictos entre emprendedores e inversores. A continuación, se abordan las cuestiones claves extraídas de la presente investigación:

En primer lugar, **la estructuración de la inversión** es uno de los principales problemas que, radica en la forma en que se estructura la inversión. Las opciones que se prevé son **la participación accionaria,** donde el inversor recibe acciones de la *start-up* a cambio de su aporte de capital, los **préstamos convertibles,** que pueden convertirse en participación accionaria en el futuro y los **acuerdos de participación en ingresos,** que permiten que, los inversores reciban una parte de los ingresos de la empresa sin obtener acciones.

En segundo lugar, es fundamental establecer claramente los derechos de los inversores en términos de:

- **Derechos de voto y decisión**: en *star-ups,* los fundadores suelen querer mantener el control, lo que puede generar conflictos con inversores que buscan mayor influencia en la gestión.

- **Preferencias en liquidación**: algunos inversores exigen prioridad en la recuperación de su inversión si la *start-up* es vendida o liquidada.

- **Derechos de información**: la transparencia en la gestión financiera es clave para evitar disputas.

En tercer lugar, el capital intelectual es uno de los activos más valiosos en la *start-up,* los principales puntos a tener en cuenta en este aspecto son: la falta de acuerdos de confidencialidad y no competencia entre los fundadores e inversores, el no registro de patentes, marcas o derechos de autor que protejan la innovación y las disputas sobre la titularidad de la propiedad intelectual desarrollada por empleados o terceros.

En cuarto lugar, sobre la dilución y cláusulas de protección, los inversores pueden exigir protecciones contra la dilución, es decir, la reducción de su porcentaje de participación en futuras rondas de inversión, es por ello necesario, la firma de **cláusulas antidilución,** para proteger a los inversores en caso de que, se emitan nuevas acciones a un valor menor del que pagaron, y delimitar los **derechos de preferencia,** para que, los inversores puedan comprar acciones antes de que sean ofrecidas a terceros.

En quinto lugar, la definición de mecanismos de salida es crucial para evitar conflictos futuros y algunas de las opciones valoradas son la **venta de acciones a terceros** *(exit strategy),* la **oferta pública de adquisición (IPO)** y las **cláusulas de arrastre y acompañamiento** *(drag along y tag along),* que regulan cómo y cuándo los inversores pueden vender su participación.

En sexto lugar, dependiendo del país, las *star-ups* deben cumplir con regulaciones específicas en materia de tributación de la inversión y distribución de dividendos, regulaciones financieras, si se captan fondos públicos y leyes de protección al consumidor si la *start-up* ofrece productos o servicios al mercado masivo.

En séptimo lugar, sin un acuerdo claro entre fundadores e inversores, pueden surgir conflictos sobre la dirección estratégica de la *start-up,* por lo que, es recomendable contar con **acuerdos de accionistas** para definir reglas de toma de decisiones y **mecanismos de resolución de disputas,** como el arbitraje o la mediación.

En suma, la participación de inversores en *star-ups* puede aportar capital y experiencia valiosa, pero también genera retos jurídicos que deben ser gestionados adecuadamente. Contar con asesoría legal y establecer contratos claros es clave para evitar conflictos y proteger tanto a la startup como a sus inversores.

9

BIBLIOGRAFÍA CONSULTADA

ABANTE ASESORES. «¿Cómo tributan las acciones en la declaración de la renta?», *Abante Asesores Blog*. 2025. Diponible en https://www.abanteasesores.com/blog/como-tributan-las-acciones-en-la-declaracion-de-la-renta/

AGM ABOGADOS. «Financiación de start ups: Las notas convertibles»., *AGM Abogados Blog*. 2021. Diponible en https://www.agmabogados.com/financiacion-start-ups-notas-convertibles/

ALGORITMO LEGAL. «Emprendimiento y empresa digital»., *Algoritmo Legal Blog*. 2022. Diponible en https://www.algoritmolegal.com/startups/

AGUILAR RUBIO, Marina y VARGAS VASSEROT, Carlos, *Las empresas basadas en el conocimiento universitarias (spin-offs) y las empresas emergentes. Régimen jurídico e incentivos fiscales*, Dykinson, MADRID, 2024.

AGUILAR RUBIO, Marina y VARGAS VASSEROT, Carlos, *Régimen jurídico de las spinoffs universitarias e incentivos fiscales a la I+D e IT. Análisis de urgencia y crítico tras la reciente reforma de la Ley de la Ciencia y la aprobación de la Ley de start-ups y del Proyecto de Ley Orgánica del Sistema Universitario*, CIDES-UAL, 2022, disponible en: http://hdl.handle.net/10835/14205.

BAJO RUBIO, Óscar, «Movimientos de capitales e inversión directa en la economía española: una perspectiva macroeconómica». *Papeles de economía española.* Núm. 181, 2024.

BBVA. «¿Cómo preparar un proceso de M&A de una startup?» *BBVA Innovación*. 2024. Diponible en https://www.bbva.com/es/innovacion/como-poner-en-marcha-un-proceso-de-ma-de-una-startup/

BURGUERA ABOGADOS., «Lista de comprobación del "due diligence" para startups y emprendedores», en *Burguera Abogados*, 28 de junio de 2014.

BUZKO KRASNOV., *Legal Guide for Startup Founders in the USA 2023*, 2022.

CAPBOARD. «Term Sheet: consejos y guía para fundadores de startups». *Capboard Blog*. 2024. Diponible en https://www.capboard.io/es/informes-inversores/term-sheet

CAPBOARD., «Qué es un SAFE? Diferencias con notas convertibles», en *Capboard*, (s.f.).

CAPBOARD., «Stock Options en España bajo la Ley de Startups», en *Capboard*, (s.f.).

CAYÓN, Rebeca., VINAGERAS, Pablo. *5 cláusulas clave para un «venture capital» en un pacto de socios.* Departamento Mercantil de Garrigues en Barcelona y del área de Startups & Open Innovation. Garrigues Digital, 2020. Disponible en: https://www.garrigues.com/es_ES/garrigues-digital/5-clausulas-clave-venture-capital-pacto-socios

CERTUS LEGAL FIRM. «La propiedad intelectual en startups». *Certus Legal Firm Blog*. 2023. Diponible en https://certuslegalfirm.com/la-propiedad-intelectual-en-startups/

CROWDEMPRENDE., «SAFE vs. Convertible Notes: ¿Qué es mejor para financiar tu startup?», en *Crowdemprende*, 28 de octubre de 2024.

DEALROOM, «Startups Due Diligence: Guide for Founders + Checklist», en *DealRoom*, 31 de diciembre de 2024.

DEALROOM, «Startups Due Diligence: Guide for Founders + Checklist», en *Dealroom*, 2024.

DELOITTE., *Ficha sobre fiscalidad en México*, 2024.

DELVY. «Negociando un Acuerdo de Inversión: ¿Qué es un Term Sheet?» *Delvy Blog*. 2013. Diponible en https://delvy.es/inversion-term-sheet/

DELVY. «Cláusulas Drag Along y Tag Along en un Pacto de Socios». *Delvy Blog*. 2019. Diponible en https://delvy.es/clausulas-drag-tag-en-pacto-de-socios/

DOZEN INVESTMENTS. «Pacto de socios: qué es y cómo debe afrontarlo un inversor». *Dozen Investments Recursos*. 2017. Diponible en https://dozeninvestments.com/recursos/pacto-socios-afrontarlo-inversor/

EMPRENDEDORES. «Estas son las meteduras de pata legales más frecuentes de las startups». *Revista Emprendedores*. 2018. Diponible en https://emprendedores.es/gestion/errores-legales-startups/

E-RESIDENT.GOV.EE., «Pros y contras de crear una empresa en distintos países», en *e-resident.gov.ee*, 2023.

EL REFERENTE., «Por qué las startups españolas se mudan a EE. UU.», en *El Referente*, 30 de abril de 2024.

FORCAM ABOGADOS. «10 consejos legales y fiscales para crear startups en España». *Forcam Abogados Blog*. 2024. Diponible en https://www.forcamabogados.com/consejos-legales-fiscales-para-crear-startups-en-espana

GARRIGUES. «Atención a la propiedad intelectual antes de invertir en una «startup» tecnológica». *Garrigues Novedades*. 2018. Diponible en https://www.garrigues.com/es_ES/noticia/atencion-la-propiedad-intelectual-antes-de-invertir-en-una-startup-tecnologica

GARRIGUES., *Doing Business México 2024*, 2024.

GIMENO BEVIÁ, Vicente, *El pacto de socios en las Start-up*, Tirant lo Blanch, Valencia, 2024.

GLOBAL SHARES., «Planes de opciones sobre acciones de España: normativa y beneficios», en *Global Shares*, 31 de julio de 2022.

GOBE STUDIO., «3 regulaciones europeas que debes conocer si eres una startup», en *Gobe Studio*, 2024.

HACKTUVIDA. «Due Diligence: cómo evitar problemas legales». *HacktuVida Startups*. 2023. Diponible en https://www.hacktuvida.com/startups/due-diligence-como-evitar-prolemas-legales

IBERGLOBAL., «Ficha país de ICEX: México», en *Iberglobal*, 1 de diciembre de 2024.

ICEX., *Guía país. Alemania*, 2023.

ICEX., *Guía país. Estados Unidos*, 2023.

ICEX., *Guía país. México*, 2023.

ICEX., «México: cómo hacer negocios», en *Aulavirtualicex*, 2023.

ILP ABOGADOS., «Planes de Opciones sobre Acciones para Startups», en *ILP Abogados*, 2 de noviembre de 2023.

ILP ABOGADOS., «SAFE: Qué es, tipos, cláusulas y diferencias con la Nota Convertible», en *ILP Abogados*, 2024.

INTELECTIUM. El term sheet: qué es y por qué es importante para tu startup. *Intelectium Blog*. 2024. Diponible en https://www.intelectium.com/es/post/el-term-sheet-que-es

JRA ECONOMISTAS. Deducción por inversión en nuevas empresas. *JRA Economistas Blog*. 2024. Diponible en https://jraeconomistas.com/deduccion-por-inversion-en-nuevas-empresas/

K FUND. Cómo preparar y afrontar un proceso de M&A de tu startup. *K Fund Blog*. 2022. Diponible en https://www.kfund.vc/post/como-preparar-y-afrontar-un-proceso-de-m-a-de-tu-startup

LEGALNODES, «The 7 Most Common Legal Mistakes Startups Make During the Investor Due Diligence», en *LegalNodes*, 2023.

LEIVA BRENES, Grettel, LEÓN DARDER, Fidel. «Las Born Global: empresas de acelerada internacionalización». *Revista Tec empresarial,* Vol. 2, Ed. 2, 2008. Disponible en: https://dialnet.unirioja.es/servlet/articulo?codigo=3201045

M&A LEADERSHIP COUNCIL., «32 Due Diligence Red Flags», en *M&A Leadership Council*, 2024.

METRICSON., «¿Cómo tributan las stock options en el IRPF?», en *Metricson*, 2023.

PRATS JANÉ, Sergio, *Obstáculos Jurídicos a la internacionalización y movilidad transnacional de empresas en la Unión Europea. Análisis desde la perspectiva del Derecho de la Unión Europea y del Derecho Internacional Privado*, Bosch, 2015.

QAPITA., «Startup Due Diligence Checklist for Fundraising», en *Qapita*, 13 de mayo de 2023.

QUADERNO., «Comparación y Diferencia entre Notas SAFE vs. Notas Convertibles», en *Quaderno*, 2024.

RÖDL & PARTNER. «Mecanismos y cláusulas habituales de protección de los Inversores». *Rödl & Partner Artículos*. 2023. Diponible en https://www.roedl.es/es/articulos/blog2025/mecanismos-clausulas-habituales-proteccion-inversores

SALCEDO, Jose Maria, «Venta de participaciones sociales e IRPF en España». *Jose Maria Salcedo Blog*. 2024. Diponible en https://www.josemariasalcedo.com/venta-de-participaciones-sociales-y-el-irpf-en-espana/

SOLUNION., «Empresas españolas en Estados Unidos: oportunidades y desafíos», en *Solunion*, 26 de diciembre de 2023.

STARTUP VALENCIA. «Cuáles son las mayores ventas de startups en España: top 10 de "exits"». *Startup Valencia Blog*. 2024. Diponible en https://startupvalencia.org/es/startups-espana-exits-ranking/

STARTUPEABLE., *Due Diligence Legal: Guía de Preparación para Startups*, 2021.

TAXSCOUTS., «¿Qué son las stock options y cómo afectan a tu renta?», en *TaxScouts*, 2024.

THE CLUELESS COMPANY, «The Comprehensive Startup Due Diligence Checklist: From Market to Management», en *The Clueless Company*, 30 de enero de 2024.

UNIVERSITAT DE VALÈNCIA, *Manual para redactar el plan de empresa de una spin-off*, 2007, disponible en: https://www.uv.es/serinves/docs/ManualSPINOFF_PC.pdf.

VÁZQUEZ LÉPINETTE, Tomás, *Aspectos contractuales de las star-ups*, Tirant lo Blanch, Valencia, 2023.

VENTO. «Las 5 cláusulas clave del pacto de socios para los socios fundadores». *Vento Blog*. 2022. Disponible en https://vento.es/clausulas-clave-pacto-de-socios/

VV. AA., «La participación de inversores en startups tecnológicas e innovadoras», *Fundació Parc Científic Universitat de Valencia*, 2025. Disponible en https://roderic.uv.es/items/f5030295-173f-4fb8-9588-85f5c5c08179

VV. AA., *Libro Blanco sobre los temas clave de la transferencia de tecnología desde los centros de investigación a las empresas*, disponible en: https://www.transener.eu/media/attachments/2019/07/22/trnsener-libro-blanco_transferencia_tecnologia_conocimiento_fv.pdf.

WONDER.LEGAL. *Term Sheet para una Ronda de Financiación - Modelo. Wonder.Legal Modelos. 2025.* Diponible en https://www.wonder.legal/es/modele/term-sheet-para-una-ronda-financiacion

10.

LEGISLACIÓN CONSULTADA

– Real Decreto Legislativo 1/2010, de 2 de julio, por el que se aprueba el texto refundido de la Ley de Sociedades de Capital. BOE núm. 161, de 3 de julio de 2010. Referencia: BOE-A-2010-10544. Disponible en: https://www.boe.es/buscar/act.php?id=BOE-A-2010-10544

– Real Decreto 571/2023, de 4 de julio, sobre inversiones exteriores. BOE núm. 159, de 5 de julio de 2023. Referencia: BOE-A-202315549. Disponible en: https://www.boe.es/buscar/act.php?id=BOE-A-2023-15549

– REGLAMENTO (UE) 2016/679 DEL PARLAMENTO EUROPEO Y DEL CONSEJO de 27 de abril de 2016 relativo a la protección de las personas físicas en lo que respecta al tratamiento de datos personales y a la libre circulación de estos datos y por el que se deroga la Directiva 95/46/CE (Reglamento general de protección de datos). Disponible en: https://www.boe.es/doue/2016/119/L00001-00088.pdf

– USCIS., «International Entrepreneur Rule», en *USCIS*, 2025.

ANEXOS

ANEXO I

CHECKLIST BÁSICO PARA DUE DILIGENCE LEGAL DEL INVERSOR

La presente lista de verificación ofrece una guía esquemática y no exhaustiva de los principales puntos a revisar durante un proceso de debida diligencia legal sobre una *start-up*. Su propósito es identificar contingencias y validar la estructura jurídica de la compañía antes de formalizar una inversión.

1. Aspectos corporativos y societarios

- **Documentos Constitutivos:** Revisión de la escritura de constitución y los estatutos sociales vigentes, debidamente inscritos en el Registro Mercantil. Verificar la correcta denominación social, objeto social, capital social y domicilio.

- **Estructura del Capital (*Capitalization Table*):** Análisis del libro de registro de socios para confirmar la titularidad y el porcentaje de participación de cada socio. Constatar la existencia de distintas clases de acciones o participaciones con derechos económicos o políticos diferenciados.

- **Pactos de Socios:** Examen detallado de todos los pactos parasociales vigentes. Identificar cláusulas que puedan afectar al nuevo inversor, como derechos de adquisición preferente, derechos de arrastre (*drag-along*) o de acompañamiento (*tag-along*), cláusulas antidilución preexistentes, o derechos de veto de socios minoritarios.

– **Actas y Certificaciones:** Auditoría de las actas de las Juntas Generales y de las reuniones del Consejo de Administración para asegurar que todos los acuerdos sociales relevantes (ampliaciones de capital, nombramientos, modificaciones estatutarias) se han adoptado conforme a la ley y a los estatutos.

– **Poderes y Representación:** Verificación de los poderes otorgados por la sociedad a administradores y apoderados, confirmando su vigencia y alcance.

2. Propiedad Intelectual e Industrial (PII)

– **Titularidad de Activos Clave:** Confirmación de que la sociedad es la titular de todos los activos de PII esenciales para su negocio (*software*, marcas, patentes, diseños, dominios web). Solicitar los contratos de cesión de derechos de los fundadores y empleados a favor de la compañía.

– **Registros y Protección:** Verificación del estado de registro de marcas, nombres comerciales y patentes ante las oficinas correspondientes (OEPM, EUIPO, etc.). Evaluar la estrategia de protección y su adecuación al negocio.

– **Contratos de Licencia:** Análisis de licencias de *software* de terceros para asegurar que no existen incumplimientos, y revisión de licencias otorgadas por la *start-up* a terceros.

– **Confidencialidad:** Constatación de la existencia y firma de acuerdos de confidencialidad (NDA) con empleados, proveedores y colaboradores clave.

- **Litigios sobre PII:** Investigación sobre la existencia de litigios, reclamaciones o amenazas de infracción de derechos de PII, tanto iniciados por la compañía como en su contra.

3. Aspectos contractuales

- **Contratos con Clientes y Proveedores Clave:** Revisión de los contratos más significativos para identificar cláusulas de exclusividad, permanencia, penalizaciones por terminación anticipada, o cambios de control que pudieran activarse con la entrada del inversor.

- **Contratos de Financiación:** Análisis de préstamos, líneas de crédito, notas convertibles o cualquier otro instrumento de deuda, prestando especial atención a las garantías otorgadas y a las cláusulas que pudieran limitar la operativa de la empresa.

- **Contratos de Arrendamiento:** Examen de los contratos de alquiler de las oficinas o instalaciones de la compañía.

4. Cumplimiento normativo (*compliance*)

- **Regulación Sectorial:** Verificación del cumplimiento de la normativa específica aplicable al sector de la *start-up* (ej. *fintech*, *healthtech*, etc.), incluyendo la posesión de todas las licencias y autorizaciones administrativas necesarias para operar.

- **Protección de Datos:** Auditoría del cumplimiento del Reglamento General de Protección de Datos (RGPD) y la normativa nacional. Revisar las políticas de privacidad, el registro de actividades de tratamiento y los contratos con encargados del tratamiento.

- **Prevención de Blanqueo de Capitales:** Si aplica por sector, confirmación de la implementación de las medidas exigidas por la ley.

– **Competencia:** Evaluación de posibles prácticas anticompetitivas o acuerdos que puedan infringir la normativa de defensa de la competencia.

5. Ámbito laboral

– **Contratos de Trabajo:** Revisión de los contratos de los empleados, especialmente los del equipo directivo, para identificar cláusulas de no competencia post-contractual, exclusividad o bonus especiales.

– **Seguridad Social y Obligaciones Laborales:** Certificación de estar al corriente de pago de las cotizaciones a la Seguridad Social y del cumplimiento de las obligaciones en materia de prevención de riesgos laborales.

– **Planes de Incentivos:** Análisis detallado de los *Stock Option Plans* (ESOPs) existentes, incluyendo los acuerdos de *vesting* y las implicaciones para el *cap table*.

6. Litigios y contingencias

– **Procedimientos Judiciales y Administrativos:** Identificación de todos los litigios, arbitrajes o procedimientos administrativos en curso en los que la compañía sea parte.

– **Contingencias Fiscales:** Revisión de las declaraciones de impuestos de los últimos ejercicios y confirmación de estar al corriente de las obligaciones tributarias. Solicitar un certificado de situación tributaria de la Agencia Tributaria. Evaluar la existencia de posibles contingencias fiscales no provisionadas.

ANEXO II

GLOSARIO EXTENDIDO DE TÉRMINOS JURÍDICO-FINANCIEROS EN INVERSIONES DE STARTUPS

El presente glosario tiene como finalidad la definición clara y concisa de los términos anglosajones y técnico-jurídicos más recurrentes en el ecosistema de inversión en empresas emergentes, facilitando la comprensión de los conceptos desarrollados en este trabajo.

Anti-dilution (Cláusula Antidilución): Mecanismo contractual incluido en pactos de socios que protege a un inversor frente a la pérdida de valor de su participación si la compañía emite nuevas acciones en una ronda de financiación posterior a un precio por acción inferior al que dicho inversor pagó. La protección se materializa ajustando el precio de conversión de las acciones preferentes del inversor inicial. Las modalidades más comunes son la *full-ratchet*, que reajusta el precio al nuevo precio más bajo (muy agresiva para los fundadores), y la *weighted-average* (promedio ponderado), que realiza un ajuste proporcional considerando el número y precio de las nuevas acciones emitidas, siendo esta última la más habitual.

Bootstrapping: Proceso de iniciar y hacer crecer una empresa utilizando únicamente los recursos propios de los fundadores (ahorros personales) o los ingresos generados por la propia actividad, sin recurrir a financiación externa de inversores.

Business Angel: Inversor individual privado que aporta su propio capital, así como su experiencia y red de contactos, a *start-ups* en sus fases más tempranas (*seed* o pre-semilla), asumiendo un alto riesgo a cambio de una participación en el capital y la expectativa de un elevado retorno futuro.

Buyback (**Recompra de Acciones**): Operación por la cual una compañía utiliza sus propios fondos para recomprar sus propias acciones o participaciones a los socios existentes. Puede ser una estrategia de salida para un inversor, una forma de consolidar el control para los fundadores o un modo de optimizar la estructura de capital.

Cap (**Tope de Valoración**): Término clave en instrumentos de financiación convertibles (como notas convertibles o SAFEs). Establece la valoración máxima a la que la inversión se convertirá en capital en una futura ronda de financiación cualificada. Protege al inversor temprano, asegurando que su inversión se convierta a un precio razonable incluso si la compañía alcanza una valoración muy alta en la siguiente ronda.

Capital Semilla (Seed Capital): Primera ronda de financiación significativa que una *start-up* recibe de inversores externos, típicamente *Business Angels* o fondos de capital semilla. Estos fondos se destinan a desarrollar el producto mínimo viable (MVP), validar el modelo de negocio y conseguir la primera tracción en el mercado.

Cap Table (**Tabla de Capitalización**): Documento o tabla que detalla la estructura de propiedad accionarial de una compañía. Muestra quiénes son los socios, qué tipo de acciones o participaciones poseen (comunes, preferentes, opciones), y el porcentaje de propiedad de cada uno de forma totalmente diluida. Es un documento fundamental en cualquier proceso de *due diligence* o ronda de financiación.

Cliff (**Periodo de Carencia**): Componente de un plan de *vesting* en los *Stock Option Plans*. Es un periodo inicial (habitualmente un año) durante el cual el empleado no consolida ningún derecho sobre sus opciones. Si el empleado abandona la empresa antes de cumplir el *cliff*, pierde la totalidad de las opciones asignadas.

Convertible Note (**Nota Convertible**): Instrumento de deuda a corto plazo utilizado para financiar *start-ups* en fases iniciales. El inversor presta dinero a la compañía y, en lugar de recibir el repago en efectivo, el préstamo (más los intereses acumulados) se convierte en participaciones de la empresa en una futura ronda de financiación cualificada, generalmente con un descuento y/o un *cap*.

Deadlock (**Bloqueo**): Situación de parálisis en la toma de decisiones de los órganos de gobierno de una sociedad (Junta General o Consejo de Administración) debido a una falta de acuerdo entre socios con poder de voto equilibrado o con derechos de veto. Los pactos de socios suelen incluir cláusulas específicas (ej. *Russian roulette*) para resolver estos bloqueos.

Discount (**Descuento**): Término asociado a instrumentos convertibles. Es un porcentaje de descuento que se aplica al precio por acción de la futura ronda de financiación cualificada para determinar el precio al que el inversor temprano convertirá su inversión. Es una recompensa por asumir el riesgo en una fase más temprana.

Drag-Along (**Derecho de Arrastre**): Cláusula de pacto de socios que permite a la mayoría accionarial (cuyo umbral se define en el pacto) obligar a los socios minoritarios a vender sus participaciones a un tercero en los mismos términos y condiciones. Es una cláusula esencial para facilitar la venta del 100 % de la compañía.

Due Diligence (**Debida Diligencia**): Proceso de investigación y auditoría que un inversor realiza sobre una compañía objetivo antes de formalizar una inversión. Abarca aspectos legales, financieros, operativos, tecnológicos y de mercado, con el fin de verificar la información proporcionada por la empresa, evaluar sus riesgos y validar la tesis de inversión.

ESOP (*Employee Stock Option Plan*): Plan de opciones sobre acciones para empleados. Es un sistema de retribución flexible que otorga a los empleados el derecho a comprar acciones de la compañía a un precio prefijado en el futuro, sujeto a un calendario de *vesting*. Su objetivo es atraer, retener y motivar el talento.

Exit (Salida): Evento que permite a los inversores y fundadores de una *start-up* materializar el valor de su participación, convirtiéndola en liquidez. Las formas más comunes de *exit* son la venta de la compañía a un tercero (M&A), una Oferta Pública Inicial (IPO), o un *buyback*.

Freemium: Modelo de negocio que consiste en ofrecer una versión básica de un producto o servicio de forma gratuita para atraer a una gran base de usuarios, con la expectativa de que un porcentaje de ellos pague por una versión *premium* con funcionalidades avanzadas.

IPO (*Initial Public Offering / Oferta Pública Inicial*): Proceso por el cual una empresa privada ofrece por primera vez sus acciones al público general, pasando a cotizar en un mercado de valores. Es una de las estrategias de *exit* más complejas y costosas, reservada para empresas de gran tamaño y madurez.

Liquidation Preference (Preferencia de Liquidación): Derecho contractual que se otorga a los inversores (generalmente en acciones preferentes) y que les permite recuperar su inversión de forma prioritaria frente a los titulares de acciones comunes en caso de un evento de liquidez (venta o liquidación de la compañía). Puede ser «no participante» (el inversor elige entre recuperar su inversión o participar en el reparto general) o «participante» (recupera su inversión y además participa en el reparto del remanente).

MVP (*Minimum Viable Product* / Producto Mínimo Viable): Versión de un nuevo producto que permite al equipo recopilar la máxima cantidad de aprendizaje validado sobre los clientes con el mínimo esfuerzo. Es el producto con las funcionalidades básicas suficientes para ser lanzado al mercado y testar las hipótesis del modelo de negocio.

Pacto de Socios (*Shareholders' Agreement*): Contrato privado suscrito por los socios de una compañía para regular sus relaciones internas, derechos y obligaciones, complementando y, en ocasiones, prevaleciendo (entre las partes firmantes) sobre los estatutos sociales. Regula materias como la gobernanza, la transmisión de participaciones, y los mecanismos de resolución de conflictos.

Ronda de Financiación (*Financing Round*): Proceso por el cual una *start-up* capta capital de inversores. Las rondas se suelen denominar secuencialmente (Pre-semilla, Semilla, Serie A, Serie B, etc.) y cada una corresponde a una etapa de madurez y a unos objetivos de crecimiento específicos.

***SAFE* (Simple Agreement for Future Equity)**: Instrumento de financiación similar a una nota convertible, pero que no es un instrumento de deuda. Otorga al inversor el derecho a recibir acciones en una futura ronda de financiación, pero sin generar intereses ni tener fecha de vencimiento, lo que lo convierte en una opción más simple y ágil.

***SaaS* (*Software* as a Service)**: Modelo de negocio y de distribución de *software* en el que las aplicaciones están alojadas en la nube y los clientes acceden a ellas a través de internet, generalmente mediante una suscripción periódica, en lugar de comprar e instalar el *software* en sus propios sistemas.

Spin-off: Empresa de nueva creación que surge a partir de una entidad preexistente, como una universidad, un centro de investigación o una gran corporación, para explotar comercialmente una tecnología, un producto o un conocimiento desarrollado internamente.

***Tag-Along* (Derecho de Acompañamiento)**: Cláusula de pacto de socios que protege a los socios minoritarios. Les otorga el derecho a unirse a la venta de participaciones que realice un socio mayoritario a un tercero, en las mismas condiciones y precio. Evita que el minoritario quede «atrapado» con un nuevo socio mayoritario no deseado.

Term Sheet (Hoja de Términos): Documento no vinculante (salvo en ciertas cláusulas como confidencialidad o exclusividad) que resume los términos y condiciones principales de un acuerdo de inversión propuesto. Sirve como base para la negociación y la redacción de los documentos legales definitivos.

Valuation (Valoración): Proceso de determinar el valor económico de una empresa. En el contexto de una ronda de financiación, se distingue entre la valoración *pre-money* (el valor de la compañía antes de recibir la nueva inversión) y la valoración *post-money* (el valor *pre-money* más el importe de la inversión).

Vesting (Periodo de Consolidación): Calendario que establece cuándo un empleado adquiere el derecho pleno sobre las opciones sobre acciones u otras formas de compensación en capital que le han sido otorgadas. Su propósito es incentivar la permanencia del empleado en la compañía durante un periodo de tiempo determinado.

Venture Capital (Capital Riesgo): Tipo de financiación de capital privado que se proporciona por parte de fondos de inversión especializados a *start-ups*, empresas en fase de crecimiento o pequeñas empresas que se considera que tienen un alto potencial de crecimiento, a cambio de una participación accionarial.

Veto Rights (Derechos de Veto): Derecho otorgado a un socio (generalmente un inversor) para bloquear ciertas decisiones estratégicas de la compañía, incluso si no tiene la mayoría del capital. Estas decisiones reservadas se especifican en el pacto de socios y suelen incluir operaciones de M&A, nuevas rondas de financiación, o cambios sustanciales en el negocio.

ANEXO III

EJEMPLO ESQUEMÁTICO DE CLÁUSULAS CLAVE EN UN PACTO DE SOCIOS

Nota: Los siguientes ejemplos son modelos ilustrativos y simplificados con fines didácticos. No constituyen asesoramiento legal y su redacción debe ser adaptada por un profesional del derecho a las circunstancias específicas de cada operación, a la legislación vigente y al resto de estipulaciones del pacto de socios.

La arquitectura de un pacto de socios robusto se fundamenta en la previsión de escenarios futuros clave, articulando mecanismos que equilibren los intereses de los distintos socios y proporcionen certidumbre en momentos críticos como la transmisión de participaciones o la captación de nuevo capital.

Ejemplo de redacción de Cláusula de Acompañamiento (*Tag-Along*)

Esta estipulación protege a los socios minoritarios, asegurando que no queden vinculados a un nuevo socio mayoritario no deseado y permitiéndoles beneficiarse de una oportunidad de venta.

Cláusula X: Derecho de Acompañamiento (*Tag-Along*)

X.1. En el supuesto de que uno o varios Socios («Socios Vendedores») que representen, individual o conjuntamente, más del cincuenta por ciento (50 %) del capital social de la Compañía («Participación de Control»), reciban una oferta de buena fe de un tercero independiente («Tercero Comprador») para adquirir la totalidad de sus participaciones sociales («Oferta de Compra»), los Socios Vendedores deberán notificar fehacientemente dicha Oferta de Compra al resto de los socios («Socios Beneficiarios») en un plazo no superior a cinco (5) días hábiles desde su recepción. La notificación deberá incluir todos los términos y condiciones de la Oferta de Compra, incluyendo la identidad del Tercero Comprador, el precio por participación, la forma de pago, y cualesquiera otras condiciones materiales.

X.2. Cada Socio Beneficiario dispondrá de un plazo de quince (15) días hábiles desde la recepción de la notificación para comunicar a los Socios Vendedores su decisión irrevocable de ejercitar su derecho de acompañamiento. En caso de ejercitarlo, el Socio Beneficiario tendrá derecho a vender al Tercero Comprador un número de sus participaciones proporcional al que los Socios Vendedores se proponen vender, en los mismos términos, condiciones y precio por participación que los establecidos en la Oferta de Compra.

X.3. Si algún Socio Beneficiario no comunicase su decisión en el plazo estipulado, se entenderá que renuncia a su derecho de acompañamiento en relación con esa Oferta de Compra específica.

X.4. Los Socios Vendedores no podrán transmitir sus participaciones al Tercero Comprador si este no se compromete a adquirir las participaciones de los Socios Beneficiarios que hayan ejercitado su derecho en las condiciones aquí establecidas.

Ejemplo de redacción de Cláusula de Arrastre (*Drag-Along*)

Este mecanismo es crucial para los socios mayoritarios, ya que facilita la venta del 100 % de la compañía, un requisito común en operaciones de M&A.

Cláusula Y: Derecho de Arrastre (*Drag-Along*)

Y.1. Si uno o varios Socios («Socios Mayoritarios») que representen, individual o conjuntamente, más del sesenta y seis por ciento (66 %) del capital social de la Compañía, aceptan una oferta de buena fe de un tercero independiente («Tercero Adquirente») para la adquisición de la totalidad (100 %) de las participaciones sociales de la Compañía («Oferta de Venta»), los Socios Mayoritarios tendrán derecho a exigir que el resto de los socios («Socios Arrastrados») vendan la totalidad de sus participaciones al Tercero Adquirente.

Y.2. Para el ejercicio de este derecho, los Socios Mayoritarios deberán notificar fehacientemente la Oferta de Venta a los Socios Arrastrados, detallando todos sus términos y condiciones, incluyendo precio por participación, forma de pago, y las declaraciones y garantías exigidas. La notificación deberá realizarse con una antelación mínima de treinta (30) días a la fecha prevista para el cierre de la transacción.

Y.3. Los Socios Arrastrados estarán obligados a vender la totalidad de sus participaciones al Tercero Adquirente en los mismos términos, condiciones y precio por participación que los Socios Mayoritarios, y a suscribir cuantos documentos públicos y privados sean necesarios para la formalización de la venta, incluyendo el contrato de compraventa de participaciones.

Y.4. El ejercicio de este derecho de arrastre prevalecerá sobre cualquier derecho de adquisición preferente u otra restricción a la transmisibilidad de las participaciones prevista en los Estatutos Sociales o en el presente Pacto. El incumplimiento por parte de un Socio Arrastrado de su obligación de venta conferirá a los Socios Mayoritarios un poder irrevocable para actuar en nombre y por cuenta del socio incumplidor a los solos efectos de perfeccionar la transmisión.

Ejemplo de redacción de Cláusula Antidilución (Promedio Ponderado Amplio)

Esta cláusula protege a los inversores de una dilución excesiva de su participación en caso de futuras rondas de financiación a un precio inferior *(down round)*.

Cláusula Z: Ajuste antidilución por promedio ponderado

Z.1. Ámbito de Aplicación. Los titulares de Participaciones Preferentes Serie A («Titulares Protegidos») tendrán derecho a un ajuste en el Precio de Conversión de sus participaciones en caso de que la Compañía emita nuevas participaciones o cualquier valor convertible en participaciones («Nuevas Emisiones») a un precio efectivo por participación inferior al Precio de Conversión de la Serie A vigente en ese momento («Emisión Dilutiva»).

Z.2. Fórmula de Ajuste. En caso de una Emisión Dilutiva, el Precio de Conversión de la Serie A se reajustará de acuerdo con la siguiente fórmula de promedio ponderado de base amplia:

$$NCP = VCP \times (A + B) / (A + C)$$

Donde:

- **NCP** es el Nuevo Precio de Conversión.
- **VCP** es el Viejo Precio de Conversión vigente inmediatamente antes de la Emisión Dilutiva.

- A es el número de participaciones de la Compañía en circulación inmediatamente antes de la Emisión Dilutiva (calculado sobre una base totalmente diluida, incluyendo opciones, warrants y otros convertibles).

- B es el número de participaciones que se habrían emitido si el importe total recibido en la Emisión Dilutiva se hubiera dividido por el VCP.

- C es el número de participaciones efectivamente emitidas en la Emisión Dilutiva.

Z.3. Excepciones. El presente mecanismo de ajuste no será de aplicación a Nuevas Emisiones realizadas en los siguientes supuestos (Emisiones Excluidas): (i) participaciones emitidas en virtud de planes de opciones sobre acciones (ESOP) debidamente aprobados por la Junta General, (ii) participaciones emitidas como contraprestación en una operación de fusión, adquisición o alianza estratégica no destinada principalmente a la captación de capital, (iii) participaciones emitidas en relación con préstamos bancarios o arrendamientos de equipos.

Z.4. Efectos. El ajuste del Precio de Conversión se realizará automáticamente en el momento de producirse la Emisión Dilutiva, recalculándose el número de participaciones comunes en que se convertirán las Participaciones Preferentes Serie A.